한 줄의 글이 위로가 된다면

한 줄의 글이 위로가 된다면

유영만 지음

비전코리아

한 문장이 장문의 글보다 힘이 세다!

배는 늘 고픈데 뇌는 늘 편안합니다. 허기진 배를 채우기 위해 음식을 찾지만 편안한 뇌를 채우기 위해 지식을 찾지 않습니다. 배가 고파야 음식을 찾듯 뇌가 고파야 지식을 찾습니다. 너무 많은 정보와 이미지의 홍수 속에서 사람들은 뇌로 하여금 생각할 시간을 주지 않습니다. 당구공이 만날 듯 스쳐 지나가는 것처럼 사람들은 스쳐 지나가는 인연들 속에서, 오늘도 보고 지나치는 숱한 정보와 이미지 속에서 사색보다 검색을 하며 살아가고 있습니다.

검색은 머리를 아프게 하지만 사색은 머리를 고프게 합니다. 사색思索을 하지 않아서 얼굴이 사색死色이 된 사람들에게 짧지만 긴 여운을 주는 한 문장의 지혜, 간단하지만 의미가 심장에 꽂히는 의미심장한 사고의 전복은 심장을 뛰게 만들고, 잠자는 뇌를 흔들어 깨우며, 눈이 번쩍 뜨이게 만들고 입가에는 깨달음의 미소를 가져다줍니다.

한 문장文章이 장문長文의 글보다 힘이 셉니다. 짧지만 강렬한 임팩트를 주는 한 문장의 지혜도 한평생 고뇌하며 온몸으로 찾아낸 삶의 경구들입니다. 파란만장波瀾萬丈한 삶이 파란문장波瀾文章을 낳습니다. 파란만장한 삶이 생각의 파란波瀾을 일으킬 수 있는 문장을 낳기 때문입니다.

　밋밋한 삶, 무미건조한 삶은 여운이 없고 감동도 없는 무미건조한 문장을 낳을 뿐입니다. "문장에 파란이 없으면 여인에게 곡선이 없는 것과 같다." 임어당의 말입니다. 한 문장에는 그 사람의 파란만장한 삶이 녹아들어 있습니다. 말이 그 사람의 생각을 대변하듯, 문장도 한 사람의 고심이 고스란히 담긴 생각의 고갱이입니다.

　이 책에는 제가 살아가는 이유이자 제 삶의 나침반이라고도 볼 수 있는 5가지 키워드가 나옵니다. 고심 끝에 찾아낸 삶의 중심, 5가지 생각과 행동의 비밀코드, 오리무중의 삶을 오색찬란하게 바꿔주는 5대 핵심가치가 나옵니다. 열정Passion, 혁신Innovation, 신뢰Trust, 도전Challenge, 행복Happiness이 그것입니다. 영어의 첫 이니셜을 조합하면 PITCH가 됩니다. 피치PITCH에 들어 있는 키워드대로 생각하고 행동하며 가치를 판단하고 방향을 결정합니다. 세상을 열정적·혁신적으로 살아가며, 사람과의 신뢰를 가장 소중하게 생각하며 어제와 다른 도전을 즐기면서 행복하게 살아가려고 노력합니다.

　현실에 안주하지 않고 피치PITCH를 올리며 살아가면서 문득 떠오른 생각의 단편들, 책을 읽으며 스쳐지나가는 연상이 사라지기 전에 손끝으로 잡아놓은, 짧지만 긴 여운과 울림을 남기는 글을 모아봤습니다. 여기에 등장하는 한 문장에는 역경을 뒤집어 경력으로 만드는 반전이 숨어 있고, 전화위복 속에서 건져 올린 사고의 전복

이 뇌리를 파고들며, 색다른 물음표가 잉태한 남다른 감동의 느낌
표가 있습니다. 또한 살아가는 의미를 성찰해보게 하는 순간의 여
유가 숨 쉬고 있습니다.

숱한 역경을 경험해본 사람이 역경을 뒤집어 경력을 만들어
내며, 절벽 앞에서 절망을 밥 먹듯이 먹어본 사람만이 아름다운 절
경을 창조하는 법입니다. 세상의 모든 절경도 절벽이 낳은 자식입
니다. 삶의 절벽 앞에서 절망이라는 단어를 되뇌고 있을 때, 힘든
상황에 직면하여 힘겨운 사투를 벌이고 있을 때, 또는 어디론가 떠
나 삶의 의미를 반추해보고 싶을 때, 이 책의 한 문장이 여러분에게
힘과 용기를 주고 한마디가 따뜻한 위로의 손길이 될 수 있기를 기
대합니다.

2015년 6월
봄과 여름 사이에서 생각의 차이를 연구하며

지식생태학자 유영만

지식생태학자 유영만 교수의 5대 핵심가치:
딜레마 상황에서 나를 일으켜 세우는 밤하늘의 5개의 별

첫 번째 별, **열정**Passion: 가슴 뛰는 삶을 살고 있는가?

두 번째 별, **혁신**Innovation: 어제와 다른 방법으로 살고 있는가?

세 번째 별, **신뢰**Trust: 믿을만한 사람으로 대접받고 싶은가?

네 번째 별, **도전**Challenge: 어제와 다른 방법으로 도전하고 있는가?

다섯 번째 별, **행복**Happiness: 당신은 지금 행복한가?

밤하늘에 수많은 별들이 빛나고 있습니다. 어둔 밤이 있기에 별은 더욱 빛을 발합니다. 그 별은 저마다의 이름을 갖고 있습니다. 사랑이라는 별도 있고 열정과 행복이라는 이름의 별도 있습니다. 몰입이라는 별도 있고 도전과 재능이라는 별도 있습니다. 수많은 별 가운데 그 별의 이름만 생각하면 가슴이 뛰고 주먹이 불끈 쥐어지며 입술이 깨물어지는 별이 있습니다. 사람마다 선호하는 가치관이 다르고 추구하는 미래의 꿈과 비전이 다르기에 마음속에 간직하고 있는 별의 이름도 각양각색입니다.

밤 하늘에 빛나는 5개의 별, 북두오성

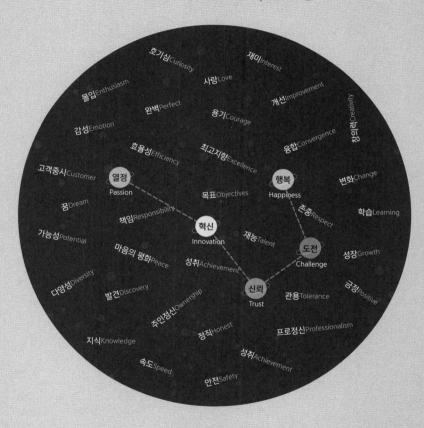

제가 가장 소중하게 생각하는 별의 이름은 열정Passion, 혁신Innovation, 신뢰Trust, 도전Challenge, 그리고 행복Happiness이라는 별입니다. 5개의 별이 추구하는 가치는 수많은 별 중에 제 마음속에 소중히 간직하고 있는 저의 핵심가치입니다.

제 마음속에 간직하고 있는 5개의 별을 연결시켜 '북두오성'이라는 별자리를 만들었습니다. 별자리 이름은 PITCH피치입니다. PITCH라는 별자리는 제가 소중하게 생각하는 5가지 핵심가치를 뜻하는 영어 단어 Passion, Innovation, Trust, Challenge, Happiness의 첫 글자를 따서 만들었습니다. PITCH라는 북두오성은 제가 모든 의사결정을 할 때, 판단기준이 되는 핵심가치입니다. 새로 시작할 때 이 일이 나에게 주는 의미가 무엇인지, 그리고 이 일은 할 만한 가치가 있는지를 결정할 때뿐만 아니라 내가 방향을 잃었을 때 길을 안내해주는 나침반이나 등대불의 역할을 합니다. 나아가 스스로를 반성하고 더 나은 삶을 살아가도록 끊임없이 나를 채찍하는 마음의 회초리이자 정신을 바짝 들게 만드는 죽비竹扉입니다.

페라리 자동차 슬로건에 "Change It, But Don't Change It" 이라는 말이 있습니다. 우리말로 바꾸면 "바꿔라. 그러나 바꾸지 마라"는 이야기입니다. 바꾸라고 해놓고 바꾸지 말라는 말은 언뜻 모순처럼 들립니다. 제가 어떤 딜레마 상황이나 위기 상황에 처하고서도 쉽게 바꾸지 않고 흔들리지 않는 원칙으로 작용하는 기준이 바로 5가지 핵심가치입니다.

5가지 핵심가치 이외에 모든 것은 변화의 대상입니다.

첫째, 내 삶을 열정적으로 바꿀 뿐만 아니라 세상을 열정적으로 바꾸려는 노력을 부단히 전개하고 있습니다. 열정적으로 살아온 나만의 스토리를 만들어 책으로 만듭니다. 그 책을 읽고 제 삶의 열정에 감전되어 다른 사람도 열정적으로 삶을 살기 시작한다면 나는 내 삶의 핵심가치에 근거해서 세상은 물론 세상 사람들을 열정적으로 바꾸고 있는 것입니다. 불광불급不狂不及의, 미치지 않으면不狂 미칠 수 없습니다不及. 한 분야에 미쳐야狂 미칠 수 있습니다及.

둘째, 어제와 다른 방법으로 생각하고 행동하면서 제 삶을 혁신적으로 바꾼 스토리를 모아서 《다르게 생각하면 답이 보인다》(교보문고 출간)는 책을 썼습니다. 법고창신法古創新, 즉 옛것을 본받아 새로운 것을 창조創造한다는 뜻으로, 옛것에 토대土臺를 두되 그것을 변화變化시킬 줄 알고 새 것을 만들어 가되 근본根本을 잃지 않아야 한다는 뜻입니다. 혁신은 이제까지 존재하지 않았던 새로운 것을 창조하는 과정이라기보다 이미 있는 것을 남다른 방식으로 또는 익숙한 것을 낯설게 보여주는 과정에서 탄생합니다.

셋째, 신뢰가 무너지면 모든 것이 무너집니다. 사람은 인간관계 속에서 영향을 주고 받으면서 인격을 형성하고 인성을 가꾸어 나갑니다. 마음에 조금의 부끄러움이 없다는 무괴어심無愧於心의 자세로 사람들과의 인간관계를 만들어나가고 그 속에서 삶의 행복을 추구합니다.

넷째, 현실에 안주하지 않고 언제나 미지의 세계로 도전하는

My Way, My Story를 만들어 가는 길(Way)

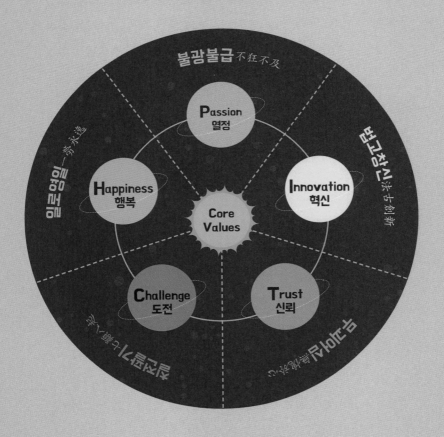

삶을 살아갑니다. 도전이 멈추면 삶은 그곳에서 안주합니다. 도전하다 넘어지고 실패하면, 다시 일어서면 됩니다. 도전과 실패 속에서 성공은 가까이 다가옵니다. 칠전팔기七顚八起의 정신으로 오늘도 도전을 멈추지 않을 때 꿈의 목적지는 현실로 다가옵니다.

마지막으로, 이 모든 핵심가치는 행복한 삶을 살기 위해서 필요한 것입니다. 일로영일一勞永逸, 즉 한때 고생苦生하고 오랫동안 안락安樂을 누리거나 적은 노고勞苦의 보람으로 오랜 이익利益을 본다는 말입니다. 고생苦生해야 고생高生할 수 있습니다. 고생해 본 사람만이 더 높은 곳으로 성장할 수 있습니다.

5가지 핵심가치는 제가 살아가는 삶의 방식을 결정합니다. 열정적인 삶, 혁신적인 삶, 그리고 다른 사람에게 신뢰를 주는 삶, 도전하는 삶, 그리고 행복한 삶을 살아가기 위해 각각의 핵심가치대로 삶을 영위해나갑니다. 그렇게 살아가는 길이 바로 남의 인생이 아니라 내 인생을 살아가는 비결입니다. 5가지 핵심가치를 중심으로 의사결정하고 행동하는 삶, 그런 삶을 위해 다른 것은 포기하고 묵묵하게 자신의 길을 걸어가는 삶이 바로 My Way입니다. My Way는 My Story가 축적되어 생기는 길입니다. My Story가 모이면 결국 My History가 되고 My History가 결국 My Way가 되는 길입니다. 그런 길을 가는 사람은 바로 자신이 걸어가는 길이 곧 길이 됩니다. 남의 뒤를 쫓아가지 않고 자신의 갈 길을 걸어가는 사람입니다. 길은 그렇게 생깁니다. 그래서 길은 앞에 있지 않고 뒤로 생깁니다.

첫 번째 별,

열정

PASSI●N

당신은 뭔가에 흠뻑 빠져 살고 있는가?
취醉해야 취取할 수 있다!

열정은 뚜렷한 목적의식과 확고부동한 목표가 존재할 때 발동되기 시작합니다. 열정은 목적지에 대한 집요함과 끈질김과 친구 관계입니다. 시련과 역경을 딛고 앞으로 나가려는 투지와 의지, 화려하고 편한 길을 버리고 남들이 가지 않는 도전, 역경의 길을 겁 없이 나서는 선구자적 자세, 가시밭길을 마다하지 않고 비전 하나 붙잡고 어둠을 뚫고 나가는 과감함, 그로 인해 열정은 빛을 발하고 꽃을 피우는 것입니다.

가혹한 시련의 용광로에서 담금질되어 비로소 뜨거운 쇳물로 넘쳐 흐르는 것이 바로 열정입니다. 열정은 할 수 있다는 자신감과 될 수 있다는 가능성이라는 믿음 위에 피는 불꽃 같은 의지입니다. 열정은 내가 하면 신나고 즐거운 일을 만날 때 불타기 시작합니다.

열정은 환상적이고 화려하고 멋있어 보이지만 열정은 고독합니다! 열정熱情의 이면에는 고뇌의 흔적과 치열한 사투가 가려져 있습니다.

열정은 추상명사가 아니라 일상적 삶에서 구현되어야 할 보통 명사입니다. 열정은 숭배와 경탄의 대상이 아니라 실천과 행동으로 드러날 때 비로소 의미가 있기 때문입니다. 나아가 열정은 이런 점에서 보통명사가 아니라 동사입니다. 열정은 머물러 있지 않고 끊임없이 움직이기 때문입니다.

그저 그런 열정은 없습니다. 열정은 모두 지독한 열정입니다. 그래서 열정은 처절하고 지독할 수밖에 없습니다. 열정은 불타오르면 대강 발휘되지 않습니다. 주체할 수 없을 정도로 열정은 불탈 수밖에 없습니다.

열정은 편애할 대상을 찾지 못하고 뜨뜻미지근하게 이곳저곳을 서성이면 현실이라는 벽 앞에서 서서히 식어갑니다. 열정이 식으면 모든 것이 관심 밖으로 멀어집니다. 열정이 식으면 온정溫情이 되지 않습니다. 더욱이 열정이 심하게 식어도 냉정冷情이 되지 않습니다. 온정은 사람에 대한 따뜻한 손길을 뜻하며, 냉정은 감정이 고조된 상태에서도 중심을 잃지 않는 차분한 마음가짐입니다.

열정이 식으면 아무것도 아닙니다.

지금 **땀** 흘리지 않으면
나중에 진 을 빼거나
식은 을 흘릴 수 있다!

끝을 만나는 유일한 방법은 끝까지 가보는 것이다.

그런데 **끝**은 또 다른 시작의 출발점이다.

그래서 '끝'에 '머리'가 있는

끄르
머리

라는 말이 있는 것이다.

高 手
'**고수**' 를 뒤집으면

手 鼓
'**수고**' 가 된다.

모든 **고수**는 **각고**의 노력 끝에 탄생한 해당 분야의

至 尊
'**지 존**' 이다.

열정은 자신이 하는 일을 좀 더 잘하기 위해서 애쓰는 마음이기도 합니다. 뭔가 남다른 위업을 달성한 사람들의 공통점은 지금 하고 있는 일을 전보다 조금 더 잘하기 위해 열정을 불태운다는 점입니다.

한 분야에서 남다른 성취를 이루기 위해서는 중심을 잡고 깊은 곳까지 파고들어 가는 집요한 승부근성과 식지 않는 열정이 필요합니다. 전문성의 깊이 없는 넓어짐만으로는 아무것도 이룰 수 없습니다.

요즘 창조를 편집이나 융합으로 풀어내는 연구가 많아지고 있습니다. 하지만 편집이나 융합도 깊이 있는 전문성과 확고부동한 자기 정체성, 그리고 치열한 문제의식과 목적의식 없이는 아무것도 이루어지지 않습니다. 전공 분야에 대한 깊이 있는 전문성이 있어야 타분야와의 접목을 통해 색다른 지식을 창조할 수 있습니다. 한마디로 깊이 파지 않으면 절대로 아름다운 전문성의 꽃이 피지 않습니다. 한 우물을 파서 우물 맛을 봐야 옆으로 넓게 파면서 만나는 다른 우물 맛도 즐길 수 있습니다.

깊이 파고들지 않으면 기피 대상이 됩니다. 깊이 파고드는 치열한 문제의식과 지칠 줄 모르는 열정이 만날 때 전대미문의 창조가 시작됩니다.

깊이 '**파지**' 않으면
위대한 꽃은 '**피지**' 않는다.

모든 위대함은 보이지 않는 곳에서
조용히 그리고 **끊임없이**
치열하게 애쓴 노력의 산물이다.

위대한 변화는 지금도
소리 없이 진행되고 있다.

삶은 불태운 만큼
영혼의 재로 남는다.

당신은 어떤 영혼의 재를
남기고 싶은가?

고난이도
고난이 깊어질수록
이도 기술을
체득할 수 있다!

꿈을 이룬 사람들의 공통점은
밤에 꿈을 꾸기보다
낮에 두 눈을 부릅뜨고
꿈을 꾼 사람들이다.

꿈·밤·낮·꿈

취 醉하지 않으면

取할 수 없다!

프랑스의
시인
보들레르는
〈취하라〉라는 시에서
늘 취하라고
했습니다.

그는
"취하라,
늘 취해 있어야 한다"
고 강조합니다.

우리가 정말 취해야 될 것은 자신이 좋아하면서도 잘할 수 있는 일입니다. 불광불급不狂不及이라는 말도 있지 않습니까. 미치지 않으면 미칠 수 없습니다. 이 말도 곧 취하지 않으면 취할 수 없다는 말과 일맥상통하는 말입니다. 진정한 의미의 취하는 것은 목표하는 바를 성취하기 위해 온몸을 던져 열정적으로 불태우는 과정입니다. 경지에 이르기 위해서는 경계를 넘나드는 과감한 행보와 식지 않는 열정이 필요합니다. 열정이 식으면 모든 게 식어버립니다. 열정은 목표를 향해 매진하는 강력한 엔진입니다. 열정이 식으면 삶에 대한 의욕은 물론 의지도 없어집니다. 그래서 우리는 지금 하고 있는 일에 취해야 됩니다. 취醉하지 않으면 취取할 수 없습니다! 그런데 살아가면서 절대로 취하지 말아야 할 한 가지가 있습니다.

바로 자기 도취陶醉입니다. 자신에게 취하면 상대가 보이지 않고 주변이 보이지 않습니다. 자기도취는 결국 자만이나 기만으로 전락할 수 있습니다. 취하되 도취하지 말고 도전하는 삶에 열정을 불태워야 합니다.

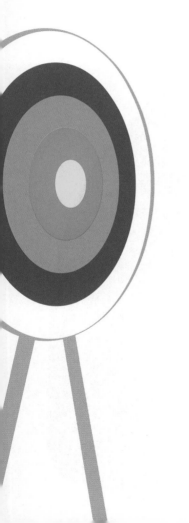

 숫자로 제시되는 **목표**에 목매달지 말고

철학과 신념을 담고 있는 **목적**에 **목숨** 걸어라. **목적지**에 가다 보면 **목표**는 달성된다.

최고는 악의 상황에서도 선의 노력을 경주하여 초로 상의 가치를 창출함으로써 종까지 대한 명맥을 유지하는 사람이다.

'**대박**'은
'**절박**'이 낳은 자식이다.

절벽을 넘어서려는 **절박**함이
절망을 걷어내고
'**희망**'을 꽃피운다.

매일 하는 일이 나이다.

열정은 똑같은 일을 해도 지겨워하지 않으면서
어제와 다르게 하려는 치열한 마음입니다.
열정은 지루한 일을 반복해도
어제와 다른 반전을 꿈꾸며 즐겁게 일하는 신바람입니다.

열정은 무엇보다도 자발적으로 뛰어들어
몸을 아끼지 않는 투혼이며
목표를 향해 타오르는 꺼지지 않는 불길입니다.
열정은 지금 하고 있는 일을 매일 반복해도
지치지 않는 불굴의 의지입니다.

내가 매일 쉬지 않고 책을 읽으면
열정적인 독서가가 되는 것이고,
매일 치열하게 글을 쓰면 작가가 됩니다.
매일 쇼핑을 하면 쇼핑 중독자가 되는 것이고,
매일 술을 마시면 알콜 중독자가 됩니다.

매일 그림을 그리면 화가가 되고,
매일 노래를 하면 가수가 됩니다.

나는 지금 매일 무엇을 반복하고 있나요.
반복도 어제와 차이가 있는 반복이어야
반복 속에서 반전이 일어납니다.
비슷한 반복이나 마지못해서 하는 반복은
반전을 일으킬 수 없습니다.

열정은 그래서 매일 똑같은 일을 반복해도
어제와 다르게 차이가 나는 반복을 통해
반전을 일으키려는 몸부림입니다.

할 수 없는 수백 가지 이유보다
할 수 있는, 할 수밖에 없는,
해야 되는 단 한 가지 이유에
목숨을 걸면 그 일이 내 직업이 된다.

꿈꾸는 동안은
동안 童顔이다!
젊음을 유지하는 비결은
꿈틀거리는 꿈을 꾸는 것이다.

진정한 **아름다움**은
남과 다른 나에서 나오지 않고
남과 비교할 수 없는 **나다움**에서 비롯된다.

나다움은 나에게 어울리는 일을 할 때
드러나는 아름다움이다!

당신은 지금 뭔가에 몰입해서 **열정**적으로 보내는 시간이 많은가요? 아니면 **열광**하면서 보내는 시간이 더 많은가요? 열정은 내 일에 몰입하면서 혼신의 힘을 다하는 그야말로 **전력투구**하는 모습입니다.

반면에 **열광**은 남의 일에 발광하면서 자신도 모르게 상대에 빠져드는 모습입니다. 사람은 남의 일에 열광할 필요도 있습니다. 내가 좋아하는 사람, 닮고 싶은 사람, 그 사람처럼 되고 싶은 사람이 보여주는 카리스마에 마음이 빼앗기기도 합니다.
그리고 나로 하여금 열광할 수 있는 대상이나 사람, 또는 일이 있다는 것은 행복한 일입니다. 중요한 점은 열광은 심하면 발광으로 끝나면서 심한 허탈감에 빠지게 만들지만 열정은 성취감으로 연결되어 마침내 깊은 행복감에 빠져들게 만듭니다.

흠뻑 **빠져**야, 제대로 빠져야 다른 일로 쉽게 빠져나가지 않습니다. 열광할수록 부산물로 **침**이 나오지만 열정적으로 몰입할수록 부산물로 **땀**이 흐릅니다.
결국 **성공**하는 사람은 시기와 질투의 대가로 침을 흘리는 사람이 아니라 혼신의 노력 끝에 땀을 흘리는 사람입니다.

당신은 지금 남의 일에 **열광**하고 있는가
내 일에 몰입하며 **열정**을 불태우고 있는가

한 존재의
치열한 미|美
다른 존재의

완성

을 향한
이
을 위한 여정에도
불을 붙일 수 있다.

내가 먼저 스스로 **불** 태우지 않고서는
다른 사람의 열정에 을 붙일 수 없다.

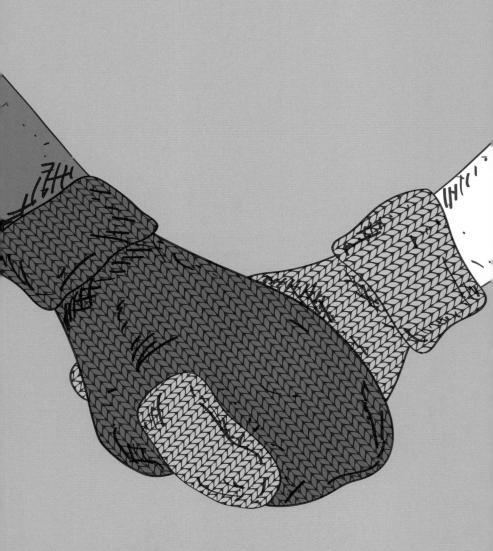

사로잡으면
서로 잡을 수 있다!

아름다움은
아 픔 을   견 뎌 내 고   보 여 주 는
사람다움이다!

그 래 서   아 름 다 움 은
앓음다움이다.

열정과 **용기**가 깃들지 않는 지식은
관념의 파편일 뿐이다.

어느 날 갑자기 그람시 형님이 생각납니다.《옥중수고》와《감옥에서 보낸 편지》를 남긴 이탈리아의 정치 사상가, 안토니오 그람시가 남긴 명언이 뭔가에 깊이 빠져 고민할 때 뇌리를 때린 적이 있습니다.

"I'm a pessimist because of intelligence, but an optimist because of will."
이성으로 비관하더라도 의지로 낙관하라. - 안토니오 그람시Antonio Gramsci

나는 지성 때문에 비관적이지만, 의지 덕분에 낙관적이라고 말합니다. 이성적으로 판단하고 논리적으로 분석하며 합리적으로 설명해 보면 세상은 온통 비관적이고 빠져나갈 출구가 전혀 보이지 않습니다. 하지만 그럼에도 불구하고 절망적인 상황에서도 막연한 소망에 열망을 더해보려는 안간힘과 이전보다 조금이라고 더 잘해보려고 애쓰는 간절한 마음이 희망의 불씨를 꺼뜨리지 않고 불같은 열정과 강렬한 의지로 마지막 희망의 끈을 놓지 않게 만듭니다.
칠흑 같은 절망적 어둠 속에서 한 줄기 희망의 서광을 갈구하는 우리에게 기적 같은 소식은 언제 찾아올까요. 가장 공허하고 힘이 없는 지식은 의지와 열정, 그리고 용기가 실종된 논리적이고 합리적이지만 관념적인 지식입니다. 누구를 위한 논리이며 합리인지, 논리와 합리의 틀에 갇혀서 이성적 판단에 치중한 나머지 이성을 움직이는 치열한 열정과 감정의 이면을 보지 못하는 우를 범합니다. 좌절하지 않고 과감하게 덤벼드는 의지와 용기, 이해타산적이지 않고 몸을 던지는 열정과 과감함마저 합리의 잣대로 판정하고 논리적 기준으로 재단하여 의미와 가치 없음을 가차 없이 선언하는 차가운 판정과 판단과 판결의 연속… 이것이 열정을 싸늘히 식게 만드는 장본인입니다.

세상은 언제나 그런 논리와 합리와 이성으로 판정된 이면의 세계에서 주체할 수 없는 격정을 쏟아내고 상처받은 가슴을 쓸어내리며 회심의 미소를 짓는 사람들, 그리고 멍든 육체적 아픔에 뜨거운 숨을 내쉬면서도 지금보다 좀 더 살만한 세상을 만들어가려는 노력에 몸을 아끼지 않는 사람들이 만들어갑니다.

한 분야에서

'**경지**'에 이른 사람일수록

다른 분야와의

'**경계**'를 넘나들 수 있다.

먼저 깊게 파고, 나중에 넓혀라!

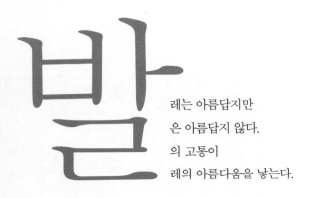

발레는 아름답지만
발은 아름답지 않다.
발의 고통이
발레의 아름다움을 낳는다.

'몸부림'은 '치열함'이자 '처절함'이다.
'몸부림'은 무엇인가를 달성하기 위한
지독한 '치열함'이며
'누군가'를 위한 '처절함'이다.

세찬 '비바람'에 흔들려야
더 깊게 뿌리를 내리고
세상을 움직일 수 있는
강력한 '바람'을 일으킬 수 있다.

절망 없이 희망은 싹이 트지 않으며 실패 없이 성공도 꽃을 피울 수 없다.

그런데 왜 당신은 실패했다고 절망하면서 포기하려고 하는가?

한 분야에 위업을 이룬

'대단한' 사람들의 공통점은

'우유부단'하지 않고
'결단'을 내려 과감하게 행동하며
'중단'하지 않고 '부단히' 노력한다는 점이다.

하루살이처럼
人生을 하루에 몰아서 살면
하루 끼니는 걱정 없이 해결되고,
마침내 하루끼처럼 저명해질 수 있다.

아름다운 것은 위험하다.
위험하기 때문에 아름다운 것이다.
세상의 모든 아름다움은 위험함을 무릅쓰고
사투 끝에 피워낸 '나다움'이다.

처음부터 건너**뛰**면
나중엔 **뛰어넘**을 수 없다.

차근차근 한 걸음 한 걸음 가다 보면
어느 순간 **경지**에 이르게 된다.

뭔가를 시작하지 않거나 또는 못하는 사람들은
시작하지 않고 시작하지 않는 방법을
모색하기 시작한다는 공통점이 있다.

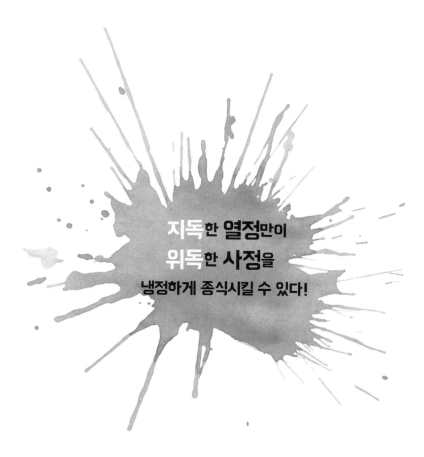

지독한 열정만이
위독한 사정을
냉정하게 종식시킬 수 있다!

두 번째 별,

혁신

INNOVATION

당신은 어제와 다르게 생각하고 있는가?
상식을 뒤집어야 식상해지지 않는다

상식은 일상에서 누구나 쉽게 알고 있는 지식입니다. 비슷한 음식을 반복해서 먹으면 식상해지듯이 비슷한 지식을 계속 섭취하면 마찬가지로 비슷한 생각과 행동을 반복하게 되고 결과적으로 식상해집니다. 식상함을 벗어나는 유일한 방법은 상식에 시비를 걸고 몰상식한 생각과 아이디어를 제시하는 것입니다. 혁신적인 아이디어는 처음에 심한 저항과 조소와 조롱, 그리고 비난을 받습니다. 그런데 시간이 지나면서 몰상식은 상식으로, 비정상은 정상으로, 비합리는 합리로, 역발상은 발상으로 바뀝니다.

정상頂上에 오른 사람은 하나같이 정상正常이 아닙니다. 그들은 모두 비정상입니다. 처음에는 몰상식하게 비정상적이고 비합리적으로 역발상을 시도해야 전대미문의 창조를 불러올 수 있습니다. 몰상식도 곧 상식으로 바뀌고 식상해집니다. 식상해지기 전에 다시 상식에 시비를 걸고 몰상식한 도전을 하는 선순환이 이루어져야 지속적인 혁신이 가능해집니다. 지속적인 혁신은 생각지도 못한 생각과 생각지도 못한 행동에서 비롯됩니다. 생각을 바꾸어서 행동을 바꾸기보다, 행동을 바꿔서 생각을 바꾸는 게 쉽습니다. 이제까지 해보지 않은 행동, 도전적 체험이 색다른 생각을 불러옵니다.

심한 벽에 부딪히지 않는 아이디어는 좋은 아이디어가 아닙니다. 좋은 아이디어일수록 사람들의 상식에 문제와 파란을 일으킵니다. 몰상식한 아이디어도 시간이 지나면서 상식으로 진화됩니다. '몰상식'한 사람이 새로운 '상식'을 만들어갑니다! 상식적인 사람들의 주로 쓰는 말은 "원래 그래", "물론 그렇지", "당연한 거야"라는 말입니다. 그들은 언제나 원래, 물론, 당연이라는 말의 감옥에서 틀에 박힌 사유를 먹고 자랍니다.

수많은 사람이 사과가 떨어지는 것을 보았지만 뉴턴만이 '왜?'라는 질문을 던졌습니다. 몰상식한 뉴턴은 만유인력의 법칙을 발견했고 상식적인 사람은 당연하다고 생각했습니다. 상식적인 사람들은 몰상식한 뉴턴의 만유인력의 법칙으로 시험을 보고 있습니다. 몰상식한 소수 사람이 상식적인 사람을 이끌어갑니다. 문제는 몰상식한 생각과 아이디어를 상식적인 사람이 쉽게 이해할 수 있도록 설득하지 못하면 혁신은 실패한다는 점입니다.

혁신은 혁신적인 아이디어의 부족에서 기인하기보다는 혁신적인 소통의 부재나 불통에서 비롯됩니다. 혁신적인 사람은 낯선 생각의 소유자일 뿐만 아니라 낯선 생각을 평범한 사람에게 익숙하게 설명하고 설득합니다.

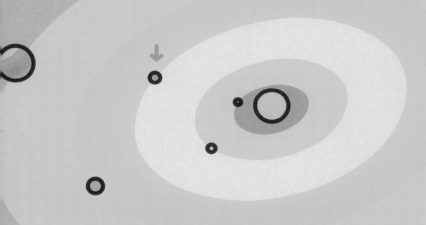

틀 안에 안주할 것인가?

틀 밖으로 탈주할 것인가?

뜻 밖의 생각지도 못한 생각은

틀 밖에서 잉태된다!

가르치면 모범생을 길러낼 수 있지만
가리키면 모험생을 길러낼 수 있다.

가르침은 方法을 가르치고
가리킴은 方向을 가리킵니다.
가르치지 말고 가리키십시오.
그래야 스스로 方法을 찾습니다.

평범한 보행을 뒤집이 믿

기묘한 미래의

딴길別路**로 새봐야**

딴 세상別天地**을 만날 수 있다.**

매사를 **'별로'**라고 생각하는 사람은
특별한 사람이 될 수 없다.

유연한 '마주침'이 색다른 '가른침'을 주고

뜻밖의 '마주침'과 만나서 빚을 수 없는 '새로침'으로 남는다.

차선을 추월하지 않고서는 앞차를 따돌릴 수 없다.

차선車線을 바꾸지 않으면 차선책次善策도 마련할 수 없다.

애플의 전 CEO, 스티브 잡스가 슬로건으로 내세운 'Think Different'는 '다르게 생각하라'는 말이 아니라 '다른 것을 생각하라'는 말입니다. 문법적 오류를 떠나서 '다르게 생각하는 것'과 '다른 것을 생각하는 것'은 차원이 다른 문제입니다.

'다르게 생각하기'는 비교의 기준이 다른 사람에게 있습니다. 그 사람과 내가 무엇이 다른지, 다름의 판단 기준이 내 안에 있지 않고 밖에 있으며 비교를 언제나 다른 사람에 비추어 나의 다름을 판단합니다.

이에 반해서 '다른 것을 생각하기'는 이제까지 없었던 새로운 것이나 존재했던 것도 색다르게 재창조하기 전과 비교하는, 즉 비교의 기준이 남이 아니라 이전에 있습니다.

다른 것을 생각하기는 남보다 잘하기보다 전보다 잘하기라고 볼 수 있습니다.

'다르게 생각하는 것'과
'다른 것을 생각하는 것'은
정말 다르다.

정신도 가끔 **나가**봐야
바깥세계를 구경할 수 있고,
바깥세계를 **구경**해봐야
이전과 다르게 정신을 **차릴** 수 있다.

세상에서 가장 강력한 침針은 낯선 마주침이다. 낯선 마주침이야말로 일생일대一生一代의 깨달음을 주는 정문일침頂門一鍼이다.

매너가  으로 바뀌는 순간

야망과 열정은  식어버리고

그 자리에 틀 에 박 힘 이라는 싹이 자란다.

영 혼 없 는 노동을 반복하면서

질 식 하 기 시작한다.

생각지도 못한 생각을 하는 세 가지 방법이 있습니다. 첫째, 생각지도 못한 일을 당해보거나 생각지도 못한 일을 저질러야 합니다. 생각을 바꿔서 행동을 바꾸는 것은 참으로 힘들거나 불가능에 가깝습니다. 대신 행동을 바꿔서 생각을 바꾸는 것은 생각보다 쉽습니다. 즉 딴짓을 하면 딴생각이 듭니다. 인간의 뇌는 생각지도 못한 일을 당하거나 저지르면 이전과 다른 체험적 자극이 입력되어 이전과 다른 생각을 하기 시작합니다.

생각지도 못한 생각을 하는 두 번째 방법은 익숙한 개념을 색다른 방식으로 조합하는 것입니다. 예를 들면 누구나 다 알고 있는 지식과 산부인과의사 개념을 세계 최초로 조합하면 지식산부인과의사라를 개념이 탄생합니다. 그때부터 세계 최초로 지식임신, 지식낙태수술방지법, 지식자연분만 유도방법 등과 같은 생각을 할 수 있습니다. 전대미문의 색다른 생각은 내가 개념을 어떤 방식으로 조합해서 사용하느냐에 따라 확연히 달라집니다. 내가 사용하는 개념이 바로 나입니다. 내가 사용하는 단어의 세계가 바로 내가 창조할 수 있는 세계의 한계입니다Words create worlds. 내가 사용하는 단어의 폭과 깊이가 내가 세상을 볼 수 있는 폭과 깊이를 결정하기 때문입니다.

생각지도 못한 생각을 하는 세 번째 방법은 익숙한 이미지를 낯선 방식으로 조합하는 것입니다. 이미 벨기에의 초현실주의 화가, 르네 마그리트가 창안한 데페이즈망이라는 방법이 있습니다. 색다른 상상력, 이매지네이션은 낯선 이미지의 중첩이나 조합에서 비롯됩니다. 개별적으로는 익숙한 이미지이지만 세계 최초로 낯선 방식으로 조합하면 세계 최초의 상상력을 발동시킬 수 있습니다. 예를 들면 공개사과라는 이미지를 생각해보세요. 공, 개, 사과라는 익숙하지만 서로 다른 이미지를 세계 최초로 조합하면 공개사과라는 이미지와 메시지가 탄생합니다.

혁신은
생각지도 못한
생각지도에서 비롯된다.

생각을 **뒤집**어야
삶이 **뒤집**히지 않는다.
역발상으로 **정상**에 시비를 거는
비**정상**적인 **사고**思考를 해야
심각한 **사고**事故가 나지 않는다.

망치는 **망치**는 도구가 아니다.
망치는 고정관념을 파괴하는 창조적 도구다.
당신은 어떤 **망치**를 갖고 있는가?

배움은 한두 번의 **'탈바꿈'** 보다는
평생 동안 계속해서 이루어지는
'틀바꿈' 의 과정이다!

낯선 것이 낯익어가면서
삶은 길들여지고 익숙해지지만
익숙한 길에서 벗어나
낯선 길로 다시 접어들지 않으면
사람은 영원히 성숙해지지 않는다.

여러분 정상頂上에 오르고 싶습니까? 정상으로 가는 여정은 순탄치 않습니다. 정상으로 가까이 갈수록 정상으로 가는 길은 점점 더 험난해집니다.

정상은 한마디로 정상적인 방법으로 가서는 도달할 수 없습니다. 정상에 도달하기 위해서는 우선 정상적正常的인 무리에서 일탈하고 정상적正常的인 사람들과 어울리지 마십시오.

정상적正常的인 사람과 어울리면 어울릴수록 정상頂上을 정복하기 어려워진다는 사실을 아십니까? 정상에 도달하고 싶은 비정상적인 사람은 다른 사람들이 이미 정의해놓은 기존 개념 정의를 그대로 받아들이지 않습니다. 정상에 오르고 싶은 비정상적인 사람은 기존 정의定義에 만족하지 않고 자기 방식대로 사물이나 현상의 올바른 뜻을 다시 정의正意합니다!

세상을 다르게 보고 이전과 다르게 살고 싶습니까? 그럼 남이 정의定義한 세계에서 벗어나 당신이 정의定義한 생각사전辭典으로 사전事前에 생각하지 않으면 사전死前에 세상을 다르게 볼 수 없습니다!

정상적正常的인 사람들이 정의定義해놓은 수많은 개념 속에 갇혀 살수록 정상頂上을 정복할 수 있는 비정상적非正常的인 생각을 하기 참으로 어려워집니다. 내가 먼저 이전과 다르게 정의定義하지 않으면 누군가 정의定義한 대로 살아갈 수밖에 없습니다. 세상은 내가 정의定義한 대로 보이기 시작합니다! 세상을 다르게 보고 싶으면 나만의 정의定義로 정리된 특유의 생각사전을 만들어야 합니다.

정상 頂上에 오른 사람은
正常이 아니다.

뜻대로 되지 않는
뜻밖의 일을 만날수록
뜻대로 길을 갈 수 있는
뜻밖의 아이디어가 쏟아진다.

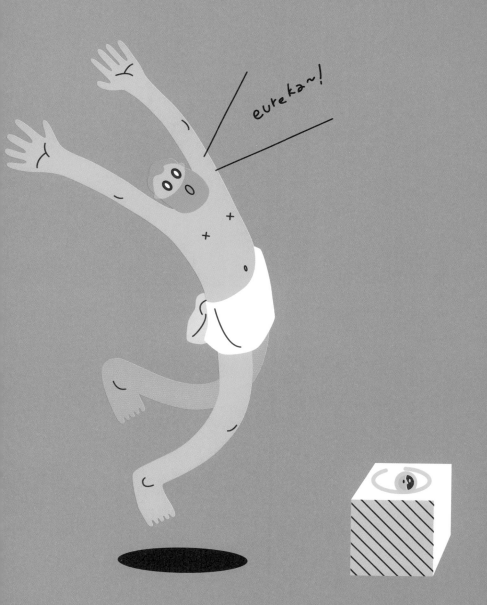

매뉴얼에 파묻힐수록 **매너리즘**은 날개를 달고 **매너**는 추락하기 시작한다. 매너는 **매력**

적인 너에게서 비롯한다. 매뉴얼을 버리는 순간 아름다운 얼굴이 빛을 발하기 시작한다.

色界

색계

계는 색에 의해 무너질 수 없다!

色색은 자기만의 독창적인 색깔이고
界계는 색깔을 경계하는 마음이다.

나만의 독창적인 色색으로
상대의 경계하는 마음을 무너뜨려라.

샛길로 새보고 옆길로 빠져봐야 틀밖에서 뜻밖의 길道을 발견할 수 있습니다.

혁신을 방해하는 최대의 말은 **원래, 물론, 당연**이라는 말입니다. 누군가 질문하거나 새로운 아이디어를 내면 그건 원래 그런 것이고 당연한 일이며 물론 그런 거라고 핀잔을 주거나 무안하게 만듭니다.

혁신의 시작은 원래, 물론, 당연의 세계에 물음표를 던져 시비를 걸고 궁리에 궁리를 거듭한 끝에 감동의 느낌표를 찾는 여정입니다. 상식과 고정관념, 타성과 관습에 얽매여 사는 사람들에게 혁신은 시도조차 귀찮은 일이며 불편한 일입니다. 왜냐하면 이들에게는 지금 이대로가 좋기 때문입니다. 원래 그런 세상, 물론 그렇고 모든 게 당연한 세상에서 이전처럼 살면 되기 때문입니다. 그런데 새로운 혁신적 사고와 행동은 어제와 다른 것을 생각하며 어제와 다르게 생각하며 행동할 때 일어납니다.

물음표가 바뀌어야 느낌표도 바뀝니다. 혁신적인 생각은 혁신적인 물음표에서 나옵니다. 이전과 비슷한 물음표를 던져놓고 이전과 다른 느낌표를 기대하는 것은 어불성설語不成說입니다.

물음표가 바뀌어야
느낌표도 바뀐다.

물음표?는

물러서서 근본을 따져보는 치열함이며,
음지에서도 양지를 보려는 갈급함이자,
표면에 나타나지 않는 이면의 긴장감이다.

느낌표!는

느림의 여유 속에 달려오는 감탄사이고
낌새를 포착하는 순간 폭발하는 즐거움이자
표현해도 끝이 없는 경이로움이다!

인터러뱅?!(innterrobang)은

인내심으로 참고 견디며 파고드는 집요함

터질 듯한 기대감에 잠 못 드는 설렘

러브 마크처럼 심장에 박히는 경이로움

뱅뱅 돌던 의문도 순식간에 가시는 희열감.

색다름은 나만의 칼라, 나의 독창성과 유일함에서 비롯됩니다. 그래서 색다름은 나다움에서 나옵니다. 기업으로 생각하면 해당 기업의 고유한 문화적 특성과 창업이념, 그리고 경영철학과 핵심가치에 비추어볼 때 그 기업 특유의 색깔에서 비롯된 것이 색다름입니다.

색다르면 저절로 남달라집니다. 사람은 남과 비교하면서 내 안의 무한한 가능성과 재능을 돌보지 않습니다. 혁신은 거창한 변화가 아니라 내 안에 잠자고 있는 나를 흔들어 깨우는 노력입니다.

내가 나다워질 때 가장 아름다워지는 것이고 그 아름다움의 근원이 결국 나다움입니다. 나다운 일을 하는 사람은 자신에게 가장 잘 어울리는 일을 찾아서 즐겁고 신나게 일합니다. 그렇게 일하다 보면 자신의 재능이 자신도 모르게 발휘되고 재능의 꽃이 활짝 피면서 새로운 혁신적 창조물이 세상으로 나오는 것입니다.

혁신을 밖에서 찾지 말고 내 안에서 찾아야 하는 이유를 설명해주고 있습니다.

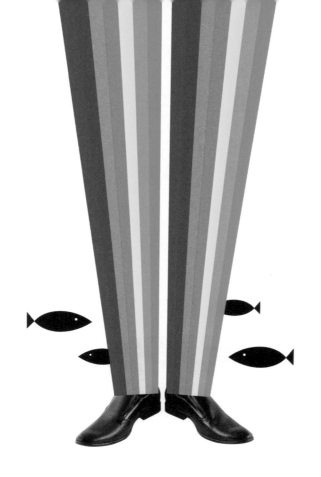

진정한 **혁신**은
남다름보다
색다름 에서 비롯된다.

(굴레를) **벗어야** (벗어던져야)
(속박으로부터) **벗어날 수 있다!**

습관의 옷을 **벗어**버려야
지금 여기서 **벗어**나 미지의 세계로
날아갈 수 있다!

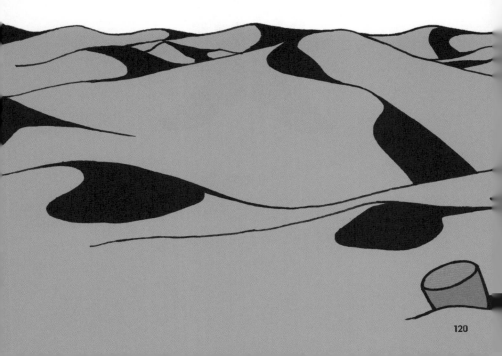

몰상식이 상식을 만나 사투 끝에 승리하는 순간 몰상식은 상식으로 인정되며

상식은 뒤집혀 식상해지기 시작한다.

을 버리지 말고 팔아라.
을 팔아야 상대를
에 사로잡을 수 있는
매혹적인 상품을 넘어
위대한 작품이 탄생한다.

습관에 얽매여 살다 보면
관습으로 굳어지고

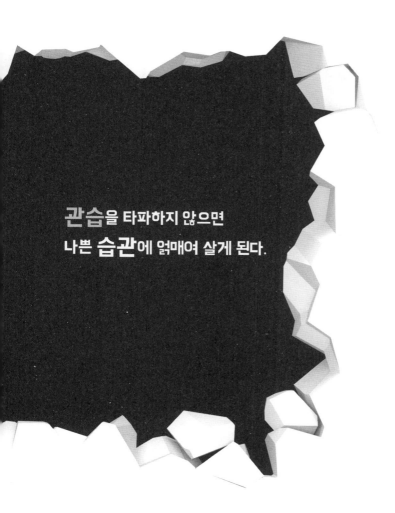

관습을 타파하지 않으면
나쁜 **습관**에 얽매여 살게 된다.

당신은 지금 **생각**하고 있다고 생각하는가?

혹시 생각을 갖고 있는 것을
생각하고 있는 것으로 착각하고 있지는 않은가?

생각이 없는 사람은 없지만
생각하지 않는 사람은 많다!

갑자기 갑자기 **사고** 事故를 쳐야 思考가 이전과 다르게 시작된다!

얻음earn은
배움learn으로부터 생긴다.

'배움' 없이 '얻음' 없다.
이전과 다른 것을 얻으려면
이전과 다르게 배워야 한다.

세 번째 별,

신뢰

당신은 얼마나 신뢰받고 사는 사람인가?
내가 먼저 믿어주지 않으면 상대도 나를 믿지 않는다!

나 아닌 상대방을 '남'이라고 생각하면 나와 관계 없는 사람이라고 생각되지만, 서로가 서로를 '님'이라고 생각하는 순간 더불어서 함께 살아가야 될 생명공동체의 한 구성원으로 순식간에 탈바꿈됩니다. '우리'라는 무리 속에 편견과 아집이 스며들면 '우리'가 아닌 '그들'은 모두 '남'이 되고 맙니다. '남'은 불신의 싹에서 자라고 '님'은 정직과 신뢰의 뿌리에서 자랍니다. 나에게 행복을 제공해주는 사람은 모두 나와 관계 없는 '남'이 아니라 나와 관계 있는 '님'입니다. 점 하나의 차이가 불신을 먹고 자라는 적대적 관계를 신뢰를 기반으로 맺어지는 우호적 관계로 발전시키는 것입니다.

믿어야 믿을 수 있습니다. "믿으려면 믿어라!" 《논어》에 등장하는 무신불립無信不立의 마음이 없으면 살아갈 수 없습니다. 사람이 살아가는 데 가장 중요한 미덕은 역시 신뢰입니다. 믿어줘야 용기를 내고 비약적으로 성장할 수 있습니다. 튼실한 신뢰가 쌓이면 함께하면 보람 있고 의미심장한 일을 찾을 수 있습니다. '가치'는 '같이'하면 '가치'가 배가됩니다. 혼자 뭔가를 이루려고 애쓰는 노력도 중요하지만 함께해서 시너지 효과를 낼 수 있는 일을 찾아보고 시도해서 가치를 높이는 노력이 더 중요합니다. 가치는 도타운 신뢰가 구축된 상태에서 같이할 때 훨씬 더 의미심장해집니다.

타인에 대한 이해는 내 안에 갖고 있는 기존의 범주에 의존합니다. 내가 어떤 범주로 이해의 대상을 분류하느냐에 따라 상대에 대한 이해의 폭과 깊이는 전적으로 달라집니다. 이 세상에 어떤 부류가 존재하느냐가 중요한 것이 아니라 우리 마음에 존재하는 부류가 무엇이냐가 중요합니다. 잡은 물고기에게 먹이를 주지 않듯이, 일단 내 사람으로 만든 다음 이전과 다르게 각별한 관심과 애정을 쏟지 않으면 무관심의 덤불 속에서 사랑은 서서히 다른 곳을 바라보기 시작합니다.

관계는 한 번 태엽을 감아주면 영원히 스스로 돌아가는 자동시계가 아니라 끊임없이 애정과 관심의 태엽을 감아줘야 돌아가는 수동시계입니다. 내 안에 잠자고 있는 상대방에 대한 불신의 뿌리는 내가 구분한 나의 인위적 범주 속에서 자랍니다. 그 범주나 틀을 깨지 않고서는 새로운 신뢰관계가 형성되지 않습니다. 믿음을 주기 위해서는 우선 내가 상대방을 믿어야 하고 믿음직스러운 언행을 해야 합니다. 신뢰는 약속을 이행하는 가운데 자랍니다. 지키지 않는 약속은 불신을 키우고 믿음의 그릇을 깨뜨립니다.

신뢰가 깨지는 것은 순식간입니다. 한번 깨진 신뢰는 다시 회복하기 어렵습니다. 마음에 상처를 남기기 때문입니다. 마음에 입은 상처는 쉽게 지워지지 않습니다. 다만 시간과 더불어 상처가 기억하는 아픔의 강도가 약화될 뿐입니다.

진정성眞情性만이
격앙된 감정이나 아픔을
진정鎭靜시킬 수 있다.

잘 **들으면** 상대의 마음속으로 **들어갈** 수 있다!

'사이'에 존재하는
'차이'를 인정하고 존중해줘야
좋은 '사이'가 된다.

차이

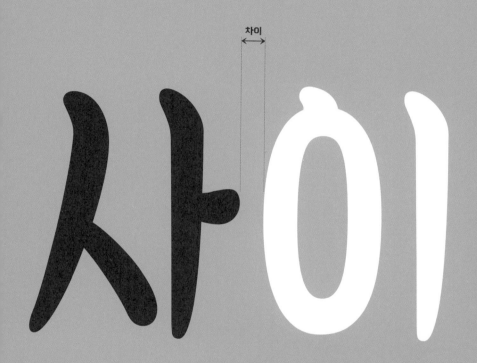

남의 이야기를 잘 **들어줘야**
그 사람의 짐도 잘 **들어** 줄 수 있다.

관심은 관계를 낳고

무관심은 경계를 쌓는다!

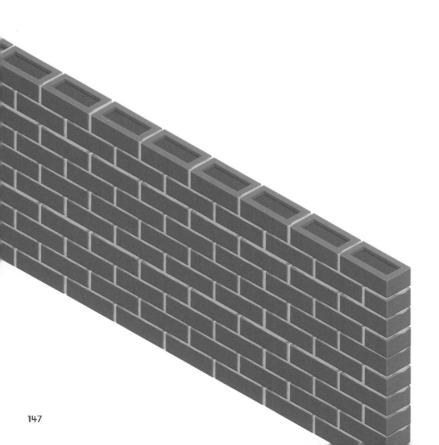

'정성'은 '담는' 지극함이지만
'성의'는 '표시'하는 의도가 숨어 있다.

관심과 애정의 시계는
자동시계가 아니라 수동시계다.
끊임없이 관심을 갖고
애정으로 보살펴주지 않으면
관계에는 무심한 잡초가 자란다.

삶을 들여다보면
사람이 보이고

그 사람의 아픔도 보인다.

모든 물은 바다에서 만난다.
바다가 세상의 모든 물을

다 **받아**주는 이유는
세상에서 가장 낮은 곳에 있기 때문이다.

낮은 곳으로 임해야
타인의 아픔을 어루만져줄 수 있다.

자신이 필요한 것과 필요한 것을 부탁받는 사람이 필요한 것은 생각보다 많은 차이가 있지요. 그런데 많은 사람들이 착각하는 것은 평소 아무런 연락이 없다가 도움이 필요할 때 연락하면 필요한 도움을 얻을 수 있다고 생각하는 것입니다. 참으로 안타까운 현실이자 큰 착각이죠. 필요한 도움은 필요하지 않을 때 부단히 사람 노릇을 하면서 도타운 인간관계를 맺고 있을 때 쉽게, 아니 저절로 얻는 걸 모르고 살지요.

소중했던 관계가 어느 사이 필요한 때만 찾는 그저 그런 중요한 관계로 변질되고 중요한 관계마저도 이해타산을 따지는 비즈니스 관계로 엮이면 가슴이 움직이기 전에 머리가 움직이고, 머리가 움직이면서 계산이 시작되고, 이제 두 사람의 관계는 여기서 마감됩니다.

나에게는 별로 필요 없는 사람이라고 생각했거나 지금 당장은 그다지 나에게 엄청난 도움을 줄 수 있는 사람이 아니라고 생각, 불필요하다고 생각하다가 어느 날 갑자기 불필요한 사람의 도움이 결정적으로 필요할 때는 이미 때늦은 것이지요. 그 사람은 정작 필요한 시기에 필요한 도움을 얻지 못하고 깊은 절망감과 좌절에 휩싸여 일어서기 어려운 난국에 빠지죠.

세상에 필요 없는 사람은 없습니다. 때가 되면 그리고 어느 순간이 오면 필요 없다고 생각한 사람, 쓸데없다고 방치했거나 버린 사물에게도 필요한 면모가 있으며 쓸 때가 옵니다. 쓸 때 없다고 생각한 사람이나 사물이 쓸 데가 생기면서 쓸모없는 것의 쓸모가 생깁니다.

필요할 때 연락하면
필요한 것을 얻을 수 없다.

마음이 **다치면**
마음이 **닫힌다.**

마음이 **닫히면**
마음도 **다친다.**

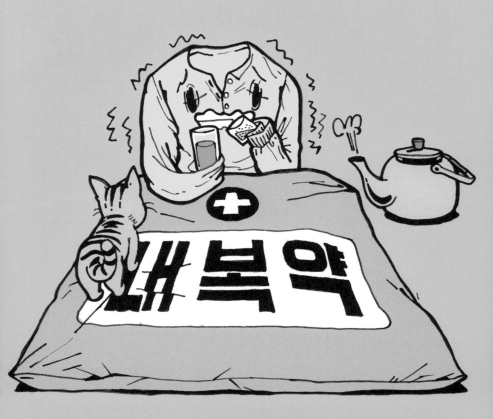

세상에서 가장 멋진 '벗'은

'발벗'

누군가 어려울 때

발벗고 나서는 **벗**이 그립다.

눈

총 쏴서 아프게 하지 말고
빛으로 따뜻하게 감싸안아 주고
길로 할 수 있다는 희망을 건네줘라!

의지 依支하려는 사람보다
意志가 있는 사람이 되자.

남에게 **기대는** 사람보다
남들이 사람이 되자.

'기본'을 무시하면
'기분'이 무지 나빠진다!

상대의 '기분'은
나의 '기본'에서 비롯된다!

작은 것이 큰 것이다.
작은 것에 담겨 있는 의미를 소중하게 생각하는 사람이
작은 것으로 큰 것을 만들 수 있는 사람이다.

인간관계는 관계 속의 인간이 아름다워야 오랫동안 유지되는 관계로 발전할 수 있습니다. 그런데 인격적 성숙보다 인간관계를 물리적으로 확산시키는 데 지나친 관심을 둔 나머지 정작 본인의 품격을 가다듬는 데 소홀한 사람이 많습니다.

인격이 전제되지 않는 인맥 구축은 오랫동안 유지될 수 없습니다. 필요해서 만난 사람은 필요한 거래가 끝나면 인간관계도 거기서 끝납니다.

적자생존適者生存이라는 말이 있습니다. 물론 적응을 잘하는 종種만이 살아남는다는 다윈의 진화론입니다. 하지만 여기서 적자생존赤子生存은 보시는 바와 같이 한자를 바꿔서 적자赤子를 보는 듯한 인간관계만이 오랫동안 유지되는 인간관계라는 다른 의미입니다.

대인관계를 맺을 때 나에게 이익이 되는 일은 적극적으로 관여하고 그렇지 않은 일에는 아예 발을 빼는 지극히 이기적인 인간관계를 맺는 사람들이 많습니다. 가끔 내가 손해 본다는 마음으로 상대방에게 베풀고 나눠줄 때, 보다 따뜻하고 인간미 넘치는 인간관계로 유지되고 발전될 수 있습니다.

내가 먼저 나누면 나뉨이 발생하지 않습니다. **나눔**이야말로 나뉨을 예방하고 치료하는 가장 강력한 대책입니다. 가진 것을 내어놓고 겸손한 마음으로 상대에게 배운다고 생각하는 인간관계는 나무랄 데 없이 오랫동안 인간적 향기를 유지할 것입니다.

인격 없는 **인맥**은
치맥보다 치명적이다.

'폼'잡지 말고 '품'자.

'폼'은 '품_品'에서 비롯된다.
타인의 아픔을 품으면
'폼'은 저절로 잡힌다.

한때 따뜻했던 관계에
관심과 애정의 손길이 닿지 않으면
넘을 수 없는 경계가 생기고,
그 경계에 무심한 잡초가 자라면서
차가운 발길질이 시작된다!

햇살 한 줌의 따뜻한 사랑,
그리고 곁에 있어줌은
사람이 줄 수 있는 최고의 선물!

물건을 **훔치면** 범인
마음을 **훔치면** 애인

밥맛 없는 사람은 함께 밥을 먹어보지 않고도 느낌이 옵니다. 얼굴에 드러난 표정과 행동은 그 사람이 품고 있는 생각과 마음이 겉으로 드러난 결과이기 때문에 알 수 있습니다. 밥맛 없는 사람은 주로 남을 존중하지도 않을 뿐만 아니라 배려할 줄은 더더욱 모르고 오만방자하여 겸손은 온데간데없으며 매사에 감사하기는커녕 불평불만을 일삼습니다.

그래서 밥맛 없는 사람은 네 가지가 없는 사람이라서 싸가지가 없는 사람입니다. 그 네 가지가 바로 존중과 배려, 겸손과 감사입니다. 이 네 가지를 갖추면 우선 안 보고도 믿음이 가고 다른 사람들과 두터운 인간적 신뢰를 받는 사람임에 틀림없습니다.

그런데 우리 주변에는 정말 상식 이하의 사람들이 많습니다. 이런 사람들과는 인간적 신뢰는커녕 인간관계 자체가 형성되기 어렵습니다. 예를 들면 자만을 넘어 오만하고 교만하며 '건방진' 사람, 남을 비웃고 깔보며 우습게 여기고 막말하는 사람, 매사에 불평불만을 늘어놓으며 구시렁거리는 사람, 시도 때도 없이 빈말을 하며 약속을 밥 먹듯이 어기는 사람입니다.

밥맛 없는 사람은
싸가지도 없다.

앎과 삶,
그 사이에 '옳음'이라는
방부제가 추가될 때
썩지 않는 앎과 삶이 될 수 있다.

접대接待를 뒤집으면
대접待接이 된다.

접대는 조건이 있지만
대접은 상대방을 존중하는 마음으로
무조건 대해주는 것이다.

접대는 하지도 받지도 말고
대접해주자.

한 사람이 맺어가는
인간관계人間關係가 별 볼 일 없으면
관계 속의 인간도 별 볼 일 없다.

나를 바꾸고 싶으면
내가 맺은 인간관계를 바꿔야 한다.

가치 values 는
같이 together 해야 극대화된다.

가치를 같이 실천하지 않으면
무용지물 無用之物 이다.

제 주변에는 약속을 힘겹게 해놓고 약속 날짜 하루 전이나 당일에 전화하거나 문자 메시지를 통해 사정이 생겨서 약속을 못 지키겠다는 **공수표**를 밥 먹듯이 날리는 사람이 있습니다. 그래서 저는 그분과 약속할 때는 언제나 더블 약속이 있는 날로 정합니다. 왜냐하면 그 사람은 분명히 약속을 안 지킬 것이라는 확신이 들 정도로 그 사람과의 약속을 믿지 않기 때문입니다.

'**약속**'을 지키지 않으면 참을 수 없는 '야유揶揄'가 터져 나오고 '야속野俗'해지기 시작합니다. '약속'을 '헌신짝'처럼 버리는 사람은 마침내 '**헌신짝**' 같은 인생을 살아갑니다!

그리고 약속을 **밥 먹듯이** 어기는 사람은 결국 밥을 먹을 수 없을 정도로 삶이 곤궁해집니다. 약속을 어쩔 수 없이 지킬 수 없는 날도 있습니다. 사람 사는 사회라 언제 어떤 일이 벌어질지 모르기 때문입니다. 하지만 약속을 지키지 않는 것도 **습관**이라고 생각합니다. 습관적으로 약속을 지키지 않는 사람과의 인간관계는 이미 무너진 것이고 그 관계 속에는 이미 무심한 잡초가 자라기 시작합니다.

약속은 신중하게 잘 따져서 하고 일단 한 약속은 어떤 일이 있어도 지켜야 합니다. 약속이 깨지면 신뢰도 깨지고 **인간관계**도 무너지기 시작합니다.

'약속'은
함께 정한 아름다운 '구속'

받은 사랑
버리면
버림받는다!

스치면 인연
스미면 연인

연인을 뒤집어보면
인연으로 연결되어 있다.

믿음을 주는 사람, 신뢰받고 존경받는 사람들의 공통점은 자기 이야기를 많이 하기보다 남의 이야기를 경청한다는 점입니다. 귀를 기울여 상대방의 이야기를 잘 들어주는 명창이 바로 귀명창입니다. 말 잘하는 달변가보다 말 잘 들어주는 경청의 달인에게 보다 믿음직한 신뢰가 생기는데, 그는 고민을 얘기해도 잘 들어줄 것 같은 따뜻한 사람입니다.

귀하게 대접받는 가장 확실한 방법을 귀를 기울여 경청하며 상대방과 같은 입장이라는 점을 눈빛으로 말해주는 것입니다. 말은 입으로만 하는 게 아닙니다. 눈으로도 하고 온몸으로도 말하는 것입니다.

감언이설로 순간적인 믿음을 줄 수 있지만 진정한 신뢰는 말한 대로 일관되게 행동할 때 생깁니다. 한 사람의 인간미는 신중하게 말하고, 말한 대로 행동하고 실천할 때 생깁니다.

귀를 기울여야
귀하게 대접받는다.

네 번째 별,

도전

CHALL●NGE

지금 남다른 도전으로 색다른 도약을 꿈꾸는가?
나의 한계는 한계에 도전해봐야 알 수 있다.

'그럼에도'라는 섬이 있습니다. '그럼에도'는 상황이 만만치 않음에도 불구하고 도전하는 사람들이 살아가는 섬입니다. 세상에서 가장 멋진 섬 중의 하나입니다. 아무리 견디기 어려운 시련과 역경이 다가와도 이 섬사람들은 두려움에 떨지 않고 언제나 지금의 현실을 인정하고 어려운 상황은 시간과 더불어 다 지나갈 것이라고 믿습니다. 부정보다는 인정, 걱정보다는 긍정, 절망보다는 희망을 먹고 살아갑니다.

'그럼에도' 섬에는 유명한 광산이 두 개나 있습니다. 첫 번째 광산은 '황금'이나 '순금' 또는 '백금'을 캐내는 광산이 아니라 세상에 없어서는 안 되는 '소금'을 양산하는 광산입니다. 생선이 썩지 않기 위해서는 소금에 절이는 고통을 견뎌야 합니다. 두 번째 광산은 이 세상에서 가장 소중한 금, '지금'을 캐내는 광산입니다. 지금 행복한 사람이 나중에도 행복합니다. 지금 재미있어야 나중에도 재미있습니다. 지금 남다른 도전을 즐기는 사람만이 내일도 남다른 즐거움을 맛보고 행복하게 살 수 있습니다.

'절벽'을 넘어서면 '새벽'이 옵니다. 진짜 도전은 남들이 불가능하다고 생각하는 절벽 앞에서 시작하는 것입니다. 모두가 한계라고 생각하는 난공불락의 절벽을 넘어서려는 강인한 의지가 발동될 때 색다른 도전은 시작됩니다. '절벽' 앞에서 '절망'하면 '새벽'의 '희망'을 맞이할 수 없습니다. 절벽에서 느끼는 절박함이 과거와 다른 도전을 시작하게 만듭니다. 절벽은 난공불락의 위험지역이 아니라 절박한 희망이 싹이 자라는 가능성의 도약대입니다. 절벽에서 느끼는 절박함이 대박을 낳습니다. 절박한 상황이라야 어제와 다른 가능성의 문을 찾아 나섭니다. 기존의 방식으로는 절박한 위기상황을 탈출할 수 없다는 위기의식이 새로운 기회를 만들어 줍니다. 가장 절망적인 때가 가장 희망적인 때이고, 어두움에 질식할 것 같을 때가 샛별이 나타날 때입니다.

'희망'이 늦을 수는 있지만, 없을 수는 없습니다. 희망은 정직한 절망 후에 느리게 다가옵니다. 정직한 절망만이 간절한 희망을 낳습니다. 도전하다 체험한 절박한 절벽 체험과 정직한 절망만이 새로운 희망의 꿈을 낚을 수 있습니다. 절망적인 상황에서도 희망의 끈을 놓지 않는 힘은 바로 절망하면서 체험적으로 깨달은 내공 덕분입니다.

더 늦
조금 늙죽
아주

기 전에

뭐든지 그냥 시작하자.
바로 지금이 시작하기 가장 좋은 때이다.

야생에서 자라면 '콩나무'가 되고
온실에서 키우면 '콩나물'이 된다.
야생에서 자란 '콩나무'의 야망이
온실에서 키운 '콩나물'의 '꿈'을 이긴다.

야생에서 온몸으로 숙성시킨 '**야망**'이
온실에서 머리로 생각하는 '**꿈**'보다
실현 가능성이 더 높다.

거창한 생각과
색다른 아이디어보다
단순하지만 진지한 실천이
아름다운 삶을 만들어간다.

보는 것과
가보는 것에는 별다른 차이가
없어 **보이**지만
천지차이가 존재한다.

색다른 도전 체험이
색다른 도약을 가져다준다.
도전적 체험이 많은 사람이
결국 꿈을 현실로 가져온다.
오랫동안 꿈을 그리는 사람은
마침내 그 꿈을 닮아 간다.

-앙드레 말로

당신의 '한계'를 알고 싶습니까? '도전'해보기도 전에 안 된다고
한계선을 긋지 말고 한계에 도전해보십시오. 내 한계를 알 수 있는 유일한 방
법은 한계에 도전해서 한계를 체험하는 방법밖에 없습니다. 그 한계도 한계
를 극복할 수 있는 가능성도 모두 당신 안에 있습니다.
대부분의 한계는 당신이 만든 심리적 장애물입니다. 당신이 만든 한계, 그리고
그 한계를 넘어서는 비법도 당신만이 알 수 있습니다. 한계 앞에서 체념하
지 말고 불가능에 도전하는 체험을 즐기십시오.
당신의 두 발이 체험한 역사만큼만 당신의 이력서 履歷書에 기록됩니다!

당신은 지금 한계 앞에서 **체념**하고 있는가?
아니면 도전하면서 색다른 **체험**을 즐기고 있는가?

넘어지는 게 지는 게 아니라
넘어지고 나서 넘어서지 않는 게 지는 것이다.

넘어서야 **너머**의 세계에 이를 수 있다.

나는
'그럼에도'라는 섬에서
그럼에도 불구하고 도전하면서
배우고 있다!

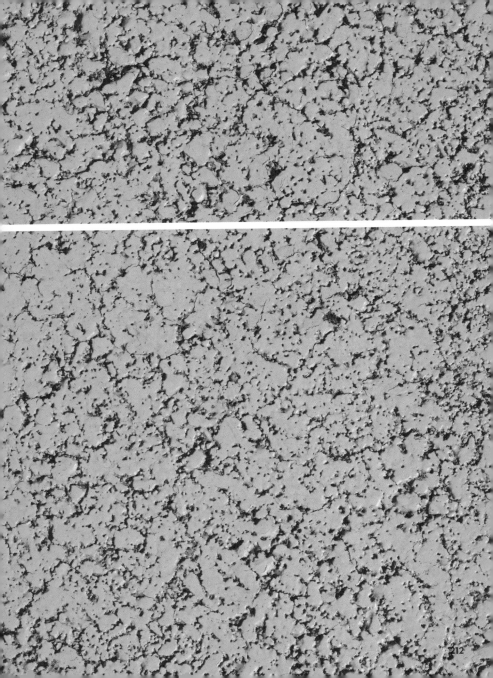

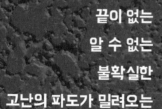

끝이 없는
알 수 없는
불확실한
고난의 파도가 밀려오는

꿈이라야
심장이 뛰고,
주먹이 불끈 쥐어지며,
입술이 깨물어지고,
자다가도 벌떡
일어나게 된다.

당신은 지금 무엇에 **떨리고** 있는가?
두려움에 **떨고** 있는가?
아니면 나침반의 정북을 가리키는
바늘처럼 설레는 일과
가고 싶은 방향에 **떨리고** 있는가?
떨지 말고 **떨려야** 한다.

남다른 도전이 색다른 실패를 낳고

색다른 실패가 남다른 실력實力을 쌓게 만든다.

아파본 사람만이
앞으로 전진할 수 있다!

시작하는 방법에 관한 책이 서점에 참 많이 있습니다. 아마 지금도 누군가는 어떤 일을 이전과 다르게 시작하는 방법에 관해서 또 책을 쓰고 있을지도 모릅니다.

가슴으로 느낌이 왔을 때 느낌이 머리로 올라가기 전에 시작해야 합니다. 가슴으로 다가온 느낌이 머리로 올라가면 시작할 확률은 그만큼 적어집니다.

도전을 시작하려고 머리로 요리조리 생각하다 보면 도전하지 않아도 되는 여러 가지 이유가 생기기 시작합니다. 그래서 결과적으로 도전을 못하는 근사한 자기 합리화나 핑계가 생기고 마침내 도전을 포기합니다.
뭔가를 시작하기 전에 완벽한 때는 없습니다. 홍콩의 영화감독, 왕가위가 한 말입니다. 완벽하게 시작하기 좋은 때를 기다리다 몸에 때만 낍니다. 누구도 완벽하게 시작할 수 없습니다.

위대한 사람은 처음부터 위대한 도전을 하지 않았습니다. 위대한 사람은 우선 뭔가를 시작한 사람입니다. 시작하세요. 모든 조건을 완벽하게 갖추기 이전에 우선 시작하면서 준비해도 늦지 않습니다.

시작하는 유일한 방법은
그냥 **시작**하는 것이다.

힘들어야 **힘**들어간다.
힘들어야 이전과 다른 **방법**方法으로
힘을 쓰기 시작한다.

힘든 **체험**體驗이 있어야
색다른 **방법**方法으로
힘쓰는 **능력**能力을 습득한다.

도전은 알아서 하는 게 아니라
몰라서, 그것도 머리로 하는 게
아니라 몸으로 하는 것이다.

전인미답全人未踏이어야
전대미문前代未聞이 시작된다.

허나 내겐
지켜야 할 약속과
가야 할 길이 있다.

- 로보트 프로스트

몸이 그댈 거부하면
몸을 초월하라!

- 에밀 디킨스

예상한 일에도
완벽한 대비는 불가능하다.

- 제임스 미처너

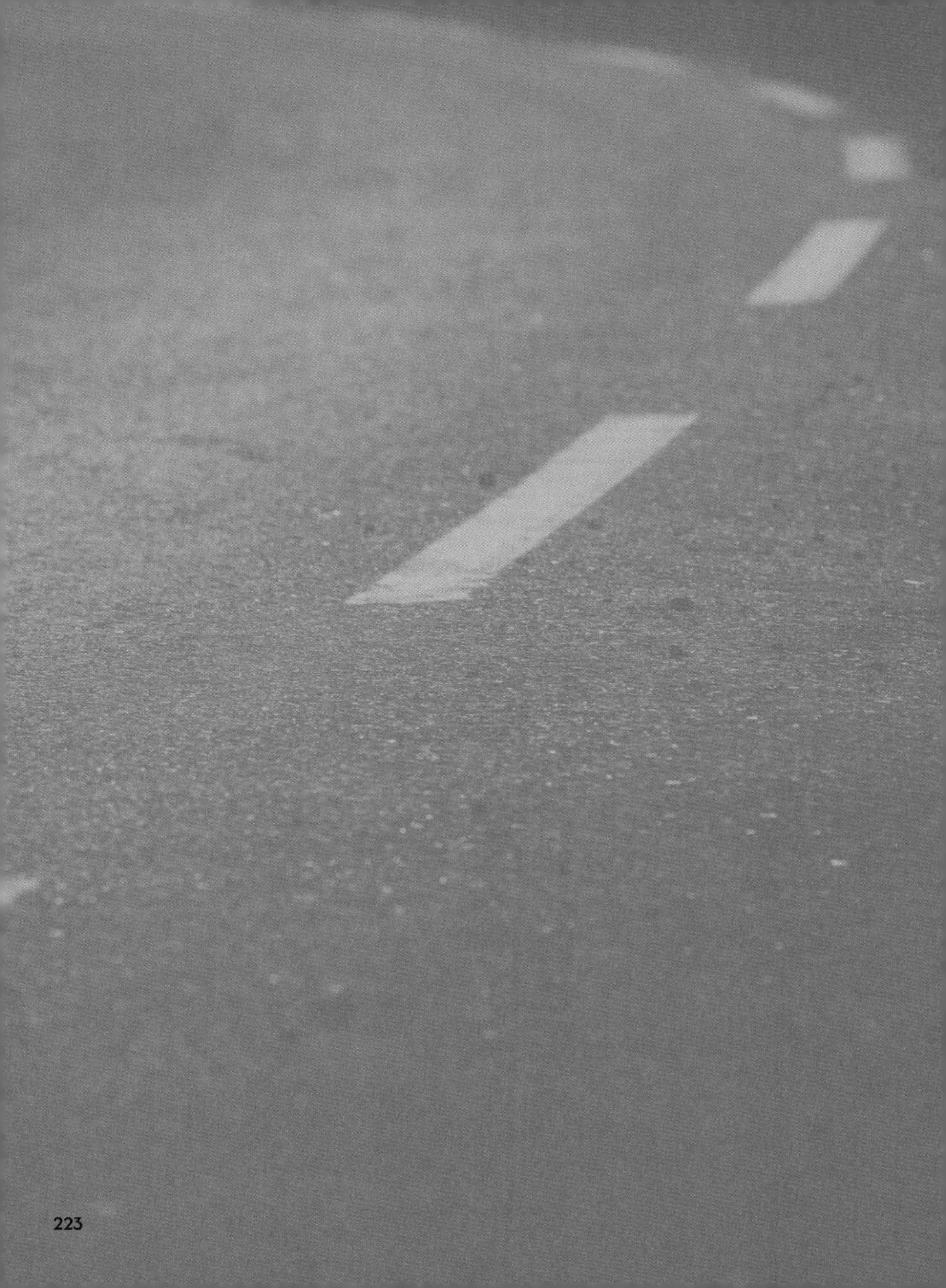

마음먹은 대로 풀리지 않는 괴로움,

계획대로 돌아가지 않는 슬럼프,

내 맘처럼 생각해주지 않는 답답함,

당장 내일이 오지 않을 수도 있다는 **불안감**,

삶이다.

한없이 추락할 수 있다는 **두려움**을

바닥도 밑바닥까지
내려가 본 사람이 바닥을 치고
다시 솟아오를 수 있다.

물에 빠진 사람이 살아나는 방법은
밑바닥을 치고 솟아오르는 것이다.

역전의
주인공들이다.

인생의 고갯마루를 넘으면서 만나는 반가운 친구들은 내 인생의 갈림길에서 만났던 소중한

평지에서 마라톤을 뛰어본 체험이 있는 사람에게 난이도가 높은 산악 마라톤이나 사막 마라톤 같은 극지 마라톤에 도전할 의욕과 열정이 생깁니다. 작은 도전이라도 이전과 다른 도전을 즐기다 보면 어느 순간 예전엔 도저히 도전할 수 없다고 생각했던 한계나 불가능한 영역에도 도전할 수 있다는 자신감이 생깁니다.

도전 체험이 바뀌지 않으면 내 생각도 거기서 머무릅니다. 지금 내 생각과 관점은 내가 체험한 깊이와 넓이에 비례합니다. 체험은 남다른 사유의 원천이 되기도 하지만 역으로 체험이 다른 사유를 할 수 없게 막아버리는 장본인이 되기도 합니다. 그래서 이전과 다른 체험적 도전으로 기존 체험의 안락지대에서 벗어나야 새로운 가능성을 생각하고 남다른 사유를 즐길 수 있습니다.

남다르게 도전해본 사람만이
이전과 다른 도전을 즐길 수 있다.

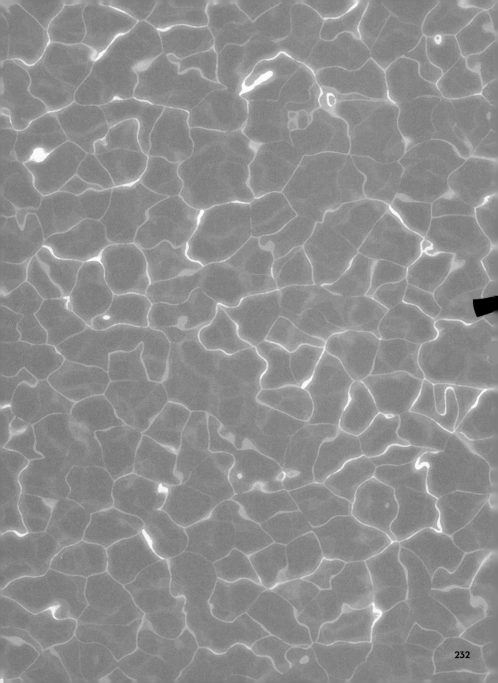

물 건너가기 전에
물 건너가야 이전과 다른
물결을 만날 수 있다.

역경과 맞장을 떠야

역경이 뒤집혀 남다른 경력으로
맞장구를 치며 다가온다!

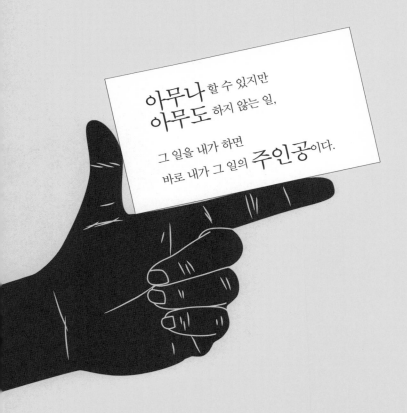

아무나 할 수 있지만
아무도 하지 않는 일,

그 일을 내가 하면
바로 내가 그 일의 주인공이다.

길을 잃었기 '때문에'
시간을 낭비했다고
생각하는 사람보다

길을 잃은 '덕분에'
미지의 길을 만날 수 있었다고
생각하는 사람이
세상을 이끌어간다.

세상에서 가장 무시무시한 길, '절대로絶對路' 어떤 일이 있어도 무조건 따라야 하는 길. 다름과 차이를 인정하지 않고 예외 없이 복종해야 하는 길. '절대로'에는 강제와 폭압, 무조건과 획일만이 살 수 있는 숨 막히는 길입니다. 세상에는 절대絶對만이 있는 게 아니라 수많은 상대相對가 살아가고 있습니다. 상대를 인정해야 다름과 차이 속에서 아름다운 꽃이 핍니다.

절대로 포기하지 마라는 말을 믿고 자신이 그 일을 잘할 수 없음에도 불구하고 그 일에 대부분의 시간을 허비하는 사람들에게 꼭 해주고 싶은 말, "절대로 포기하지 마라는 말을 제발 그만 믿고, 하루라도 빨리 그 일을 포기하고 다른 일을 하세요." 20대에 시작한 고시공부를 "절대로 포기하지 마라"는 말을 믿고 40대가 거의 다 되어서도 절대로 포기하지 않고 그대로 밀고 나가고 있습니다. 그럴수록 한 사람의 인생이 절대적으로 망가지고 있습니다.

왜 포기하지 않느냐에는 이유가 많겠지만 무엇보다도 자신을 위해서 포기하지 않는 게 아니라 남에게 보여주기 위해서 포기하지 않는 것입니다. 내 안의 강렬한 의지와 욕망 때문이 아니라 밖을 의식하고 다른 사람의 눈치 때문에 포기하고 싶어도 포기하지 못하는 것입니다. 포기는 패배로 직결될 수 있다는 강박관념이 포기하지 않으면 안 되는 심각한 상황에서도 절대로 포기하지 않고 끝까지 물고 늘어지다 삶의 전반이 무너지는 경우도 있습니다.

도전의 진정한 가치는 무조건 도전에 성공하는 데 있지 않습니다. 색다른 도전은 색다른 실패를 먹고 자랍니다. 색다른 실패만이 색다른 실력을 쌓은 원동력이 됩니다.

絶對路

ROAD SIGN

절대로 포기하지 마라는 말을
쓰지 말자.

난생 처음 시도해본 일이 많을수록
생각지도 못한 일을 만나도
생각지도 못한 방법으로
대응할 수 있는 임기응변력을
지닐 수 있다.

지금 여기를
한 번도 **떠나보지** 않은 사람에게
세상은 지금 여기가 전부다.

떠나야 다른 세계를 만날 수 있다.

모든 **위대**함은 **위태**로운 **위기**가 낳은 자식이다. **위대**함은 **위기**를 먹고 자란다.

삶은 위험을 통해서만이 성숙해지고 진보합니다. 모험이 부족하면 좋은 어른이 될 수 없습니다! 삶에서 가장 안전한 보험은 위험을 무릅쓰고 도전한 색다른 체험입니다! 삶은 본래 위험하고 힘든 것입니다. 힘들어야 이전과 다른 방법으로 힘을 쓰기 시작합니다. 이전과 다른 방법으로 힘을 쓸 때 새로운 힘이 생깁니다. 도전이란 결과에 관계없이 돈 주고도 살 수 없는 멋진 체험이며 마지못해서 할 수밖에 없는 삶의 숙제가 아니라 그 과정에서 즐거움과 함께 보람을 찾을 수 있는 신명나는 축제입니다. 미지의 세계로 도전해본 사람만이 지금 여기의 삶이 얼마나 안이하고 현실에 안주하는 삶인지를 깨달을 수 있습니다.

생각지도 못한 '마주침'이 있어야
생각지도 못한 '깨우침'이 따라오고
생각지도 못한 '깨우침'이 있어야
생각지도 못한 '뉘우침'을 얻을 수 있다.

가장 안전한 '**보험**'은
'**위험**'을 무릅쓰고 도전한
'**체험**'이다.

무엇이든지 '가능'하다고 생각하는 사람이
한계를 뛰어넘어 압도적으로 '능가'할 수 있다.
지금 여기의 기준을 '능가'하는 사람만이
'능통'의 경지에 이를 수 있다!

가슴으로 느낌이 왔을 때
지금 들이대고 저지르지 않으면
머리는 지금 안 해도 되는 이유 또는
하지 않아도 괜찮은 자기 합리화를 위한
핑계나 변명거리를 찾기 시작한다.

세상을 바꾸는 사람들은
책상에서 '요리조리' 머리를 굴리기보다
일상에서 '이리저리' 몸으로 시도해본다.

'이리저리'가 언제나
'요리조리'를 이긴다.

다섯 번째 별,

행복

H●PPINESS

당신은 지금 **행복해지고** 싶은가?
아니면 **행복해 보이고** 싶은가?

우리 주변에는 너무도 많은 세 잎 클로버, 행복이 널려 있습니다. 그런데 일상의 행복, 세 잎 클로버를 짓밟고 언제 찾을지도 모르는 행운, 네 잎 클로버를 찾기 위해 또 다른 어디론가 질주하고 있는 현대인들의 자화상을 봅니다. 행복은 멀리 있지 않고 내 주변에 있습니다. 행복은 추구의 대상이 아니라 발견하는 것입니다. 아메리카 대륙의 최단 횡단로는 금을 원한 사람들을 통해 발견됐습니다. 신천지뿐 아니라 행복으로 향하는 길도 대부분 우회로에 있습니다. 《우회전략》이라는 책을 쓴 존 케이의 말입니다.

행복은 목적지에 있지 않고 목적지에 가는 여정에 있습니다. 어딘가에 도착하면 행복할 것 같지만 사실은 잠시 기분이 좋을 뿐, 행복하지 않습니다. 그래서 현대인들은 또 다른 목적지를 찾아 전속력으로 질주합니다. 남보다 빨리 목적지에 도달하면 행복할 것이라는 믿음이 '도착오류'입니다. 어딘가에 도착한다는 것은 또 다른 목적지로 가기 위한 중간 종착역일 뿐입니다. 행복은 매일매일 느끼고 즐겨야 합니다.

한 부부가 숱한 고생을 하면서 돈을 모아 80여 평의 주상복합 아파트를 장만했습니다. 먹을 것 안 먹고 입을 것 안 먹어가면서 온갖 고생 끝에 장만한 아파트입니다. 거기다 최첨단 오디오 세트와 커피 머신을 사서 베란다를 테라스 카페처럼 꾸몄습니다. 이제 행복할 것 같았지만 사실 두 부부는 이 시설을 즐길 시간적 여유가 없습니다. 하루는 남편이 회사에 출근한 후 집에 무엇을 놓고 온 것을 뒤늦게 알게 되었습니다. 놓고 온 물건을 가지러 집에 갔습니다. 에게 웬일입니까! 가정부가 음악을 틀어놓고 커피 한 잔을 뽑아서 베란다의 테라스 카페에서 집 안의 온 시설을 향유하고 있는 게 아닙니까? 두 부부는 허겁지겁 출근해서 바쁘게 일하고 다시 허둥지둥 집에 들어오기에 자신들이 장만한 시설을 즐길 시간적 여유가 없습니다. 그들은 과연 행복한 삶을 살고 있는 것일까요? 그들은 더 넓은 아파트 평수, 더 좋은 오디오, 더 멋진 테라스 카페, 더 근사한 커피 머신을 사기 위해 밤낮으로 일합니다. 그렇게 살다가 언제 죽을지 모릅니다.

다시 한 번 말합니다. 행복은 목적지에 있지 않고 목적지로 가는 여정에 있습니다. 지금 즐겁게 재미있게 살아야 됩니다. 지금 행복해야 됩니다. 나중엔 어떻게 될지 모릅니다.

토끼에게 수영을 가르치고
오리에게 겨울산을 오르게 하면
토끼와 오리는 심각한 스트레스에
시달리다가 죽을 수도 있다.

토끼는 **겨울산**을 올라야 행복하고
오리는 **수영**을 할 때 행복하다.

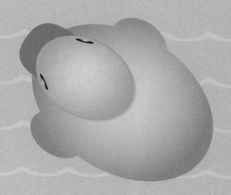

쓸데없는 사람은 없다!

쓸 때가 되면 쓰임새가 생긴다.

사람은 다 **때**가 있는 법이다.

네 잎 클로버는 세 잎 클로버 옆에 있다.

행복은 세 잎 클로버처럼 지천에 널려 있습니다. 지금 갖고 있는 것만으로도 얼마든지 행복해질 수 있습니다. 그런데 사람들은 행복은 미래의 언젠가 만날 중요한 계획이나 꿈이라고 생각합니다. 행복은 미래의 언젠가 달성해야 될 과제나 목표가 아니라 지금 여기서 선택하지 않으면 영원히 다가오지 않는 축제입니다.

지천에 널려 있는 세 잎 클로버처럼 행복도 일상에 널려 있습니다. 그런데 언제 찾을지도 모르는 네 잎 클로버의 행운을 위해 지금 여기서 얼마든지 즐길 수 있는 세 잎 클로버를 짓밟고 지나치고 있습니다. 행운을 상징하는 네 잎 클로버도 행운의 상징하는 세 잎 클로버 옆에 있습니다.

행복은 지금 이 순간 온몸으로 느껴야 합니다. 아침에 출근해서 에스프레소 커피 한 잔을 마시며 하루를 구상할 때 느끼는 진한 커피 맛이 나를 행복하게 만듭니다. 불현듯 떠오르는 아이디어를 도망가기 전에 붙잡아놓고 고심 끝에 뜻밖의 대안을 마련했을 때 이미 내 몸은 날아갈 듯이 행복감에 젖어듭니다.

우연히 펼쳐든 **책** 속에서 오랫동안 고민했던 문제의 단서를 발견했을 때 나는 미칠 듯이 행복해집니다. 만나고 싶었지만 이런 저런 사정으로 차일피일 미루다 오랜만에 마주앉은 사람과 **술** 한 잔 나누면서 그동안 살아온 이야기를 나눌 때 말로 다할 수 없는 행복감이 충만해집니다.

힘들고 지쳐 있을 때 내 마음에 쏙 드는 명언이나 격언을 **문자**로 받았을 때 나는 세상을 헛살지 않았구나 하면서 그래도 삶은 살만하다고 생각할 때 행복은 고개 들어 하늘을 보고 환하게 웃습니다. 갑자기 떠나고 싶은 충동을 느껴서 대책 없이 떠났지만 의외로 잘 왔다는 생각이 들 때 행복은 밀물처럼 달려듭니다. 잠 못 이루는 깊은 밤, 라디오에서 흘러나오는 음악이 심금을 울릴 때 창밖으로 보이는 야경을 보면서 살아있음을 느낄 때 나는 행복의 극치를 맛봅니다. 행복은 지금 이 순간 온몸이 **오감각**으로 느끼는 오르가슴입니다.

빨간 장미꽃이 아름다운 이유는
하얀 안개꽃이 기꺼이 배경이
되어주었기 때문이다!

안개꽃 덕분에 장미꽃이 아름다운 것이다.

우여곡절 끝에 맞이하는
전화위복이 가장 맛있는 복이다.

전화위복은 우여곡절이라는 절에서만
나오는 희귀한 복이다.

못하는 것을 잘하는 하늘의 ⭐따기
잘하는 것을 더 잘하기는 하늘의 ⭐보기

감사하다고 생각하면 **행복**하고
행복한 사람은 언제나 감사할 줄 안다.

행복하고 싶은가?
성패를 가리지 말고 **덕분에** 잘 되었다고
감사해라!

'때문에' 잘 안되었다고 생각하기보다

'덕분에' 오히려 잘되었다고 생각하는 사람이

작은 일에서도 행복을 느낀다.

기질 氣質 대로 살아야

기성 旣性을 넘어

개성 個性을 발휘하면서

자기 길을 갈 수 있다.

나누지 않으면 나뉨이 발생합니다.

'나눔'은 '나뉨'의 예방약입니다.

나뉘기 전에 나누면
행복한 공동체가 탄생합니다.
나누면 더불어 성장할 수 있습니다.

지금은 없는 **힘** **손** 이지만

한때는 없는 을 돌보는

있는 이었다.

있을 때 보지 말고

손 내밀어 주자.

삶은 오르락樂 내리락樂 하는 음악音樂이다.

삶의 '노랫가락'은 '오르락樂 내리락樂' 하다 '추락墜落'할 때도 있지만 그렇다고 영원히 연주할 수 없는 '몰락沒落'이라는 음악에 빠져서는 안 됩니다. 삶은 내 맘대로 '쥐락펴락' 할 수 있는 음악이 아닙니다. 삶은 또한 계획대로 모든 것이 '호락호락' 풀리는 '노랫가락'이 아닙니다. 살다 보면 때로는 참을 수 없는 화가 나서 '우락부락' 화가 나는 락 음악이 들리기도 하고 뚜렷한 특징 없이 '오락가락'하고 '들락날락' 하는 발라드가 들리기도 합니다. 때로는 우여곡절과 파란만장한 긴 재즈 연주가 들리다가도 네 시간만 자면 합격되고 다섯 시간 자면 낙방한다는 '사당오락四當伍落'의 음악이 여러 가지 음악과 혼란스럽게 어울리면서 '희희낙락喜喜樂樂' 하는 경쾌한 팝 음악이 들리기도 합니다.

삶이라는 음악은 거창한 악기로 사전에 계획된 각본대로 연주하는 위대한 교향곡이 아닙니다. 오히려 삶이라는 음악은 저마다의 재능으로 자신의 칼라에 맞는 악기로 '오르락樂 내리락樂' 부침을 거듭하면서 '희노애락喜怒哀樂' 사중주를 연주하는 크로스오버 음악에 가깝습니다.

삶에는 '오락가락' 비가 내릴 때도 있고 정신이 '오락가락' 하면서 기억의 저편에서 추억의 '끝자락'을 잡고 오매불망 그리운 사람을 기다리는 애달픈 사연도 있습니다. 삶은 나 홀로 연주하는 독주獨奏나 나 홀로 소리치는 독창獨唱이 아니라 '동고동락同苦同樂' 하는 협주나 합창입니다.

삶은 아름다운 음악입니다. 내 삶의 우여곡절迂餘曲折이 담긴 노랫말과 내 삶의 '희로애락喜怒哀樂'이 담긴 노랫가락이 가장 아름다운 음악이며, 가장 행복한 삶의 노래입니다!

'삶'이 있는 한 '희망'은 있다!

-키케로-

'희망'이 있는 한 '삶'은 있다!

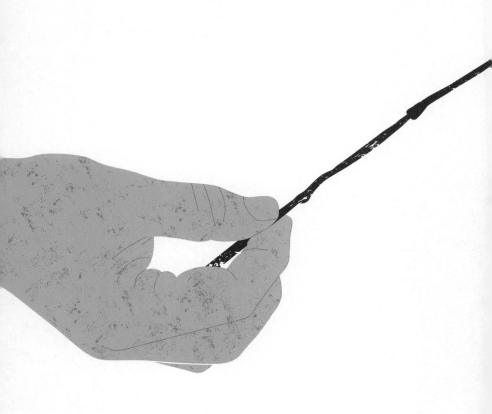

나에게 **필요**없는 능력을 **필요**하다고
생각할 경우, 삶은 **피곤**해지고
결국 내가 갖고 있는 기존 능력도
퇴화될 수 있다!

속도가 빨라지면 세상을 다르게 볼 수 있는 **각도**는 줄어듭니다. 더욱 심각한 문제는 방향감이 없는 속도입니다. 어디로 왜 달려가는지 모르는 상태에서 가속도가 붙기 시작하면서 이제 삶은 언제 어떻게 될지도 모르는 극도의 불안감으로 포장된 채 인생이라는 가속열차는 폭주하기 시작했다는 사실입니다.

삶은 직선이 아니라 **곡선**입니다. 모든 생명체와 자연은 곡선인데 인간이 문명을 창조하면서 곡선을 직선으로 바꾸기 시작했습니다. 곡선이 직선으로 바뀌면서 삶의 속도는 빨라지고 삶은 불행해지기 시작했습니다.

행복한 삶은 라르고largo처럼 '아주 느리게' 그리고 서두르지만 천천히, 그래서 천천히 서두르라는 라틴어 **'페스티나렌테**festina lente**'**처럼 매순간의 의미를 곱씹어보며 반추하는 가운데 다가온다고 생각합니다. 아마 그래서 라틴어 페스티나렌테는 매우 느리지만 그럼에도 불구하고 느린 빠르기를 의미하는 이탈리아어 **아다지오**adagio에 해당되지 않을까요. 알레그로처럼 아주 느리게 꿈을 향해 서서히 걸어가면서도 느린 걸음걸이처럼 걸어가되 쉬지 않고 걸어가는 안단테andante, 그 음악이 바로 '우리 모두가 연주하고 싶은 행복'이라고 생각합니다.

안단테andante는 이탈리아어에서 '걷다'를 의미하는 안드레andare에서 유래했듯이 '걸음걸이 빠르기로'의 뜻으로 '느리게'를 나타냅니다. 바쁘다고 책을 못 읽는다는 불평을 하기 이전에 책을 읽을 시간을 확보해서 책을 읽으면 바빠서 책을 못 읽은 것이 아니라 책을 안 읽어서 바빴다는 깨달음이 옵니다.

행복은 그렇게 멀리 있지 않고 우리 주변을 늘 서성거립니다. 더 멀리 행복이 도망가기 이전에 행복을 잡는 사람만이 **행복**해집니다.

삶은 속도가 아니라 각도이다.

살다 보면 터무니없는 일이 발생하여
느닷없이 울고 싶고, 뜬금없이 떠나고 싶으며,
사소한 실수로 어처구니 없이 주저앉고 마는

매우 당황스럽고 몹시 신경질적이며
아주 황당한 경우가 비일비재하다!
터무니, 느닷, 어처구니, 뜬금이 삶을 만들어간다!

라벤더 향기로 코가 즐거운 후각, 먹고 싶은 음식을 먹는 미각, 책장을 넘기는 촉각과 깨달음을 얻는 생각, 아름다운 풍경을 바라보는 시각, 명화를 보고 느끼는 감각이 모두 행복의 원천입니다.

행복은 거창한 담론이나 추상명사가 아니라 일상에서 언제나 느낄 수 있는 보통명사입니다. 아니 행복은 명사가 아니라 동사입니다. 언제 어디서든지 육감을 자극해 몸이 반응하는 비명이 바로 행복하다는 증거입니다. 행복해지려면 우선 몸부터 움직여야 합니다. 행복은 가만히 앉아서 생각하는 관념적 만족이 아닙니다. 남들이 보기에 하잘 것 없고 별 볼 일 없다고 생각하는 작은 행동의 누적이 어느 순간 엄청난 반전의 감동을 가져옵니다.

지금 반복하는 행동 行動이 누적되어 행복 幸福한 삶을 살아가는 비결이 되며, 어느 순간 행운 幸運도 믿기지 않을 정도로 날아듭니다!

행복은 **동사**

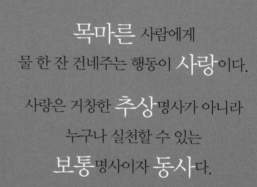

목마른 사람에게
물 한 잔 건네주는 행동이 사랑이다.

사랑은 거창한 추상명사가 아니라
누구나 실천할 수 있는
보통명사이자 동사다.

아름다움은 어울림이다.

어울리는 일을 찾아 혼신의 힘을 기울이며 애쓰는 사람이
아름다운 사람이고 울림이 있는 사람이다.

모든 배움은 **덕분에** 생긴다.
실패한 색다른 실력이 쌓이고,
역경 남다른 경력이 생기며,
길을 잃은 새로운 길을 찾게 된다.

가장 **행복**한 삶은
겸손한 자세로
매사가 **덕분에** 잘 되었다고 감사하며
즐거운 마음으로 **봉사**하는 삶이다!

행복해지려면 **몸**부터 건강해야 합니다. 나이 들어서 필요한 것에는 시간과 돈도 있지만 더욱 중요하게 필요한 것은 몸의 각 부위를 움직이게 만들어주는 연골입니다. 행복은 연골의 튼실함에 비례합니다. 연골이 없으면 두 팔을 벌려 대자연을 품에 안을 수도 없고 두 발로 아름다운 곳곳을 누빌 수도 없습니다. 연골이 부실하면 골골해집니다. 몸을 단련해서 **체력**을 향상시켜야 혹독한 시련과 역경이 몰려와도 버텨낼 수 있는 끈기와 지구력이 생깁니다. 몸이 부실해지면 몸 안에 거주하는 맘도 불안해집니다. **힘**을 기릅시다. 힘든 운동을 하지 않으면 힘이 생기지 않습니다. 힘이 들어가면 힘이 생깁니다. 그래서 힘들어야 힘들어갑니다.

몸은 맘이 거주하는 우주, 신체성이 상실되면 욕망도 감각도 종적을 감추고 허황된 관념의 거품에 휩싸입니다. 건강한 몸, 강인한 몸, 지칠 줄 모르는 체력이 뒷받침 될 때 **뇌력**도 따라옵니다. 야성 없는 이성은 지루하고 이성 없는 야성은 야만일 수 있습니다. 이성은 야성으로 단련 받아야 야망을 품고 야심을 갖게 만들 수 있으며, 야성은 이성으로 통제 받지 않으면 야망이 아니라 야만으로 흘러갈 수 있습니다.

체력이 있어야 **야망**을 품고 남들이 한계라고 생각하는 지점에서 **도전**을 시작할 수 있고 힘들다고 포기한 일에 열정적으로 몰입해서 마침내 위업을 달성하는 성취감을 맛볼 수 있습니다. 결국 신체성이 **행복감**을 보장해줍니다.

몸은 **맘이** 거주하는 우주

쉬면 계속 **쉬고** 싶어진다.

그러나 **쉬지** 않으면
영원히 **쉬게** 된다!

나는 내 일에 **끌**리는가?
아니면 일에 **끌**려가고 있는가?

일에 끌리는 사람은 일에 **미친** 사람이고
일에 끌려가는 사람은 일에 **지친** 사람이다.
미치면 행복해지고 지치면 피곤해진다.

당신은 지금 행복한 일에 **미쳐** 있는가?
아니면 피곤한 일에 **지쳐** 있는가?

풍경이 좋은 곳을 만나면 사람들은 저절로 감탄사를 연발합니다. 그런데 지금 본 풍경보다 더 좋은 풍경이 나타나면 이전 풍경은 기억 속으로 사라집니다. 그래서 풍경은 언제나 더 좋은 풍경에 자리를 내어줘야 되는 불안한 존재입니다. 그런데 사람이 살아가는 풍경은 이기고 지는 문제가 아니라 저마다의 다른 사연과 배경이 담겨 있는 전경으로 드러날 수 있는 삶의 한 단면일 수도 있고 힘든 삶을 견디며 살아가는 곤경困境일 수도 있습니다. 누군가가 힘겹게 살아가는 곤경도 멀리서 보면 한 폭의 풍경처럼 보이는 원경遠景으로 보입니다.

우리가 평범한 상식으로 알고 있는 사물이나 현상 또는 일상에 대해 머릿속으로 생각하고 가슴으로 느끼는 감각적 체험이 고정관념의 울타리 안에 갇혀 있으면 그저 그런 틀에 박힌 사유의 끄트머리에서 만날 수 있는 뻔한 생각에 머뭅니다. 하지만 내 두 발로 직접 걸어가 보고 내 두 손으로 직접 만져보며 코로 냄새를 맡으며 두 귀로 들으면 머리로 생각하고 가슴으로 느낀 총체적 감각적 결과는 사물이나 현상에 대한 이전의 당연한 생각과는 전혀 다른 결과를 상상할 수 있습니다. 그러니까 그냥 가서 직접 확인해보지도 않고 이전의 생각과 지식만으로 판단하고 평가 절하시키는 행동은 가급적 지금 유예시키는 게 어떨까요.

여행지에서 만나는 '원래' 그런 현상, '물론' 그렇다고 생각한 타성이나 관성, '당연'하다고 생각했던 고정관념, 선입견이나 편견의 안경으로 보인 삼라만상과 세상만사를 이전과 전혀 다르게 온몸으로 체험하면서 온몸으로 느끼는 전율이 바로 행복의 극치입니다.

풍경은 더 좋은 풍경에게 언제나 진다.

한 사람의 인성과 인격은

지금까지 나와 인간관계를 맺어온 **사람**과

나에게 직간접적으로 영향을 주었던 **사건**과 **사고**

그리고 사람과 사건과 사고에 담긴 **사연**에 대한

애틋한 **사랑**이 물들어 생긴 얼룩이자 무늬다.

세계 최고의 성현은
'놀자'와 '웃자'

스스로 놀지 않으면 놀아나고
신나게 웃지 않으면
비웃음을 사게 된다.

남보다 잘하려고 노력하기보다
전보다 잘하려고 노력해라.

남과 비교하면 **불행**해지고
전과 비교하면 **행복**해질 수 있다.

명강의는 무조건 재미있고 의미심장하다.

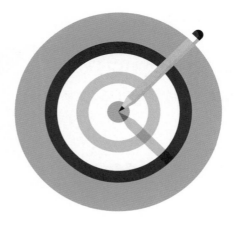

재미없는 의미는 견딜 수 없는 답답함이고
의미없는 재미는 참을 수 없는 가벼움이다.

의미를 심장에 꽂아야 의미심장해진다.

체화시킨 메시지와 체험적 스토리만이
재미와 더불어 의미심장하다.

'의미' 없는 '재미'는 참을 수 없는 가벼움이고
'재미' 없는 '의미'는 견딜 수 없는 지루함이다!

꿈
깨야
꿀 수 있다.

에필로그

한마디가 한 평생의 위로가 됩니다.

윌리엄 워즈워스의 《서곡》이라는 책에 보면 시간의 점Spot of Time이라는 표현이 나옵니다. "우리 삶에는 시간의 점이 있다. 이 선명하게 두드러지는 점에는 재생의 힘이 있어, 이 힘으로 우리를 파고들어 우리가 높이 있을 때는 더 높이 오를 수 있게 하고, 우리가 쓰러 졌을 때는 다시 일으켜 세운다." 우연히 만난 책의 한 구절이 섬광처럼 스쳐 지나가다 뇌리를 때립니다. 마찬가지로 어느 순간에 만난 한 문장 속에서 그동안 고민했던 문제 해결의 단서를 발견하고 꼬였던 복잡한 문제가 실타래 풀리듯 해결될 때가 있습니다.

이 책에 등장하는 짧은 문장들은 책을 읽다가 연상되는 말, 지나가다 퍼뜩 떠오른 생각, 누군가와 대화하다 붙잡은 아이디어, 가만히 사색하다가 부각된 한마디를 붓펜으로 쓴 글을 제 삶을 움직이는 다섯 가지 키워드로 분류하고 편집한 것들입니다. 키보드를 두드려 쓰는 글과는 다르게 발끝에 차인 생각을 손으로 쓰면 손맛도 색다르고, 쓰고 있는 글씨의 의미도 온몸을 파고들면서 가슴으로 다가옵니다.

글은 사무친 그리움을 긁어서 생긴 내 삶의 얼룩이자 무늬입니다. 가슴으로 느끼고 머리로 생각한 단상들이 손끝에 잡힌 붓펜의 까만 잉크를 따라 하얀 백지위에 써질 때, 그것은 한 문장의 글이기도 하지만 한 편의 그림이기도 합니다. 복잡했던 생각들이 손글씨를 쓰면서 정리가 되고 삶의 중요한 순간에 결단의 칼로 쓰이면서 문장은 이제 문장으로 남지 않고 나와 함께 살아 숨 쉬는 삶의 교훈이자 인생의 교본으로 작용하기 시작합니다.

나를 사로잡은 한 문장이 파고드는 그리움을 달래주고, 스며드는 외로움을 덜어주며, 흔들리는 마음을 바로잡아 줍니다. 여기 모인 한 문장 한 문장은 세상의 여러 좋은 말을 편집한 글이 아니라 제 육신의 고통스러운 체험과 파란만장한 삶의 굴곡에서 건져 올린 제 삶의 얼룩이자 무늬입니다.

세상에 좋은 말은 많지만 그 말이 의미하는 바대로 내 몸이 움직여 깨닫지 않으면 말의 잔치와 언어유희로 전락할 수 있습니다. 세상의 옳은 말보다 어설프고 서툴지만 내 몸의 수고로 재해석된 한마디가 내 삶을 이끌어가는 소중한 지혜로 다가옵니다.

《한 줄의 글이 위로가 된다면》을 읽으며 여러분의 생각과 언어로 다시 한번 문장을 정리하면서 온전히 여러분의 한마디로 재탄생하기를 기원합니다.

한 문장을 쓰기 위해
한순간을 소중하게 생각하는

지식생태학자 유영만

한 줄의 글이
위로가 된다면

초판 1쇄 발행 2015년 7월 3일
개정판 1쇄 발행 2019년 11월 15일

지은이 유영만
펴낸이 이범상
펴낸곳 (주)비전비엔피 · 비전코리아

기획 편집 이경원 유지현 김승희 조은아 박주은
디자인 김은주 이상재
마케팅 한상철 이성호 최은석
전자책 김성화 김희정 이병준
관리 이다정

주소 우)04034 서울특별시 마포구 잔다리로7길 12 (서교동)
전화 02)338-2411 | **팩스** 02)338-2413
홈페이지 www.visionbp.co.kr
인스타그램 www.instagram.com/visioncorea
포스트 post.naver.com/visioncorea
이메일 visioncorea@naver.com
원고투고 editor@visionbp.co.kr

등록번호 제313-2005-224호

ISBN 978-89-6322-159-5 13320

이 도서의 국립중앙도서관 출판예정도서목록(CIP)은 서지정보유통지원시스템 홈페이지(http://seoji.nl.go.kr)와 국가자료종합목록 구축시스템(http://kolis-net.nl.go.kr)에서 이용하실 수 있습니다. (CIP제어번호 : CIP2019043310)